城市轨道交通职业教育系列教材——城市轨道交通车辆
CHENGSHI GUIDAO JIAOTONG ZHIYE JIAOYU XILIE JIAOCAI
CHENGSHI GUIDAO JIAOTONG CHELIANG

城市轨道交通车辆检修基础与设备

主编 ○ 蔡海云　郑炎华

西南交通大学出版社
·成都·

图书在版编目（CIP）数据

城市轨道交通车辆检修基础与设备／蔡海云，郑炎华主编．—成都：西南交通大学出版社，2016.8（2020.9 重印）
城市轨道交通职业教育系列教材. 城市轨道交通车辆
ISBN 978-7-5643-4879-3

Ⅰ．①城… Ⅱ．①蔡… ②郑… Ⅲ．①城市铁路 – 铁路车辆 – 车辆检修 – 高等职业教育 – 教材 Ⅳ．①U279.3

中国版本图书馆 CIP 数据核字（2016）第 185000 号

城市轨道交通职业教育系列教材——城市轨道交通车辆

城市轨道交通车辆检修基础与设备

主编　蔡海云　郑炎华

责 任 编 辑	孟苏成
封 面 设 计	何东琳设计工作室
出 版 发 行	西南交通大学出版社 （四川省成都市二环路北一段 111 号 西南交通大学创新大厦 21 楼）
发 行 部 电 话	028-87600564　028-87600533
邮 政 编 码	610031
网　　　址	http://www.xnjdcbs.com
印　　　刷	四川煤田地质制图印刷厂
成 品 尺 寸	185 mm×260 mm
印　　　张	10.5
字　　　数	241 千
版　　　次	2016 年 8 月第 1 版
印　　　次	2020 年 9 月第 3 次
书　　　号	ISBN 978-7-5643-4879-3
定　　　价	29.80 元

课件咨询电话：028-81435775
图书如有印装质量问题　本社负责退换
版权所有　盗版必究　举报电话：028-87600562

出版说明

城市轨道交通凭借快捷、准时、舒适、运量大、能耗低、污染小、占地少等优点，日益成为城市现代化建设进程中重要的公益性基础设施项目。城市轨道交通涉及面广、综合性很强，其发展状况已被当成一个城市综合实力和现代化程度的重要评判指标。由此，城市轨道交通建设正在我国兴起一个新的浪潮，社会对城市轨道交通专业人才的需求巨大，给城市轨道交通类专业的职业教育发展带来了良好契机。

西南交通大学出版社与国内诸多交通院校一直保持友好往来，并整合他们在轨道交通领域的尖端科技优势和人才集成优势，致力于为国家轨道交通教育事业做出贡献，形成了以"轨道交通"为核心的出版特色，在教育界、学界都拥有良好的口碑和较高的品牌知名度。

本套丛书从满足快速增长的城市轨道交通专业实用型人才培养需求出发，从校企结合教学直接面向岗位需求这一特点出发，精心组织国内相关专业优秀教育工作者或优秀教育工作高校，分"运营管理""工程技术""车辆""控制""供电技术"五大类，系统地为读者呈现城市轨道交通教育课程全景。在编写时，力求体现如下特点：

◎ 适用性

理论知识够用即可，在讲述专业知识的基础上，突出实际操作技能的训练，注重岗位关键能力的培养。

◎ 专业性

图书的顶层设计从国家高职高专专业目录规范出发，内容编排紧密结合岗位应用实际，体现专业性和主流设备前沿特征，体现教学实际需求。同时，在编写或修改时，尽可能地让一线用人单位参与进来，根据生产现场实际提出建议。

◎ 生动性

在架构设计和版式设计上，力求简洁生动，图文并茂；努力体现二维码技术等移动互联网时代元素在图书中的应用，尽可能把生产实际和研究成果，用立体生动的形式予以表达，便于读者理解掌握。

这套书可作为高等职业院校、中等职业学校城市轨道交通相关专业的教学用书，也可作为城市轨道交通企业新职工的培训教材。有关教材的课件资料等，可以联系我社使用。

联系电话：028-87600533

邮箱：swjtucbsfx@163.com

西南交通大学出版社

2016 年 6 月

前　言

城市轨道交通诞生于19世纪中叶的英国伦敦，经历了150年左右的发展历史，它技术成熟、安全可靠、形式多样、用途广泛，以其大载客量、快捷、准时、环保等优势而成为解决日益严重的城市交通堵塞的最有效手段。

改革开放以来，随着经济的发展，我国城市化进程加快，城市交通问题成为制约城市发展的重要因素。为此，国家确立了优先发展城市公共交通的城市发展战略，建立以大容量快速轨道交通为骨干、以公共交通为主体的综合交通体系，解决城市交通拥挤问题，从而实现可持续发展。

我国城市轨道交通正处于飞速发展的大好时机，地铁、轻轨、单轨和磁悬浮等各种城市轨道交通系统如雨后春笋般在全国各大城市出现。

城市轨道交通的发展，急需大量德才兼备的各类人才。为了满足对人才特别是高、中级技能型人才培养的迫切需要，武汉铁路司机学校（武汉轨道交通学校）组织编写了适合高职、中职等学校及专业培训机构的城市轨道交通类专业的系列教学用书。

这套教材，紧扣职业教育的特点，在讲述基本专业知识的基础上，突出了对实际操作技能的培养。内容简洁明了，文字通俗易懂。为配合教学的需要，每章配有适量的复习思考题。

目前，各城市轨道交通建设成功后，运营和维修业需要紧紧跟上，因此运营和维修人才的培养更是迫在眉睫。由于城市轨道交通在我国还是个新生事物，经验积累少，因此目前关于城市轨道交通车辆设备和维修方面的专门教材甚少，不能满足教育和培训的需要。本书的编写目的就是为满足这方面的需求。本书介绍了现场常用的大量车辆检修设备，以及这些设备的主要功能和特性，同时也对检修的基础设施作了介绍，包括检修常用工具、专业工具的使用及保养。编成后，虽经反复修改和校对，但由于编者水平和时间所限，不足及疏漏之处在所难免，欢迎读者批评指正。

本书由武汉铁路司机学校蔡海云、郑炎华担任主编，由武汉铁路职业技术学院电子工程系何成才副教授主审。郑炎华编写第一章、第二章、第三章，蔡海云编写第四章、第五章。

本书在编写过程中，得到了广州地铁运营部、武汉地铁运营部等多家地铁公司的帮助，在此表示由衷感谢。同时，我们在编写过程中参阅了相关专业书籍和文献资料，在此我们对这些书籍、文献的作者表示衷心的感谢。

编　者
2016年4月

目 录

第一章 城市轨道交通车辆的运用与检修管理 ················· 1

 第一节 城市轨道交通车辆的运用、检修管理体制 ················· 1
  一、城市轨道交通车辆的运用和检修流程及其评估 ················· 1
  二、城市轨道交通车辆的运用和检修工作管理模式 ················· 4
  三、城市轨道交通车辆的检修模式 ················· 5
  复习思考题 ················· 10

 第二节 城市轨道交通车辆的检修制度 ················· 10
  一、检修策略和检修制度 ················· 10
  二、检修的基本方式 ················· 10
  三、两种不同的城市轨道交通车辆检修制度 ················· 12
  四、我国城市轨道交通一般采用的车辆检修制度 ················· 13
  五、城市轨道交通车辆的均衡计划修和车辆检修制度的改革 ················· 15
  复习思考题 ················· 19

 第三节 车辆零部件的损伤和失效 ················· 20
  一、车辆零部件的损伤类型和失效模式 ················· 20
  二、车辆零部件的磨损及过程 ················· 21
  三、车辆零部件的磨损形式 ················· 22
  四、车辆零部件的变形 ················· 26
  五、车辆零部件的断裂 ················· 27
  六、车辆零部件的蚀损 ················· 29
  七、车辆电气电子零部件的损伤 ················· 30
  八、车辆零部件损伤的原因 ················· 33
  复习思考题 ················· 34

 第四节 车辆零件修复工艺 ················· 34
  一、机械加工法 ················· 34
  二、电镀法 ················· 35
  三、刷镀法 ················· 37
  四、焊修法 ················· 41
  五、黏结法 ················· 43

  复习思考题 ········ 47

第二章　检修限度和检修修程 ········ 48

第一节　车辆检修限度 ········ 48
  一、车辆检修限度的分类 ········ 48
  二、确定车辆检修限度的原则 ········ 49
  复习思考题 ········ 50

第二节　检修修程 ········ 50
  一、城市轨道交通车辆的修程 ········ 50
  二、城市轨道交通车辆的检修规程 ········ 52
  三、国外车辆检修修程情况介绍 ········ 52
  四、国内城市轨道交通车辆检修修程 ········ 55
  五、制订检修周期的基本方法 ········ 57
  复习思考题 ········ 61

第三章　城市轨道交通车辆的检修基地 ········ 62

第一节　检修基地概述 ········ 62
  一、检修基地的功能 ········ 62
  二、维修基地的选址原则和布置原则 ········ 63
  三、维修基地建设规模 ········ 65
  复习思考题 ········ 67

第二节　维修场地的主要线路 ········ 68
  一、停车线 ········ 68
  二、出/入段线 ········ 68
  三、牵出线 ········ 68
  四、静调线 ········ 68
  五、试车线 ········ 69
  六、洗车线 ········ 69
  七、检修线 ········ 69
  八、临修线 ········ 69
  复习思考题 ········ 70

第三节　检修库房和车间及其主要设备 ········ 70
  一、停车列检库及其附属车间 ········ 70
  二、检修库及其辅助车间 ········ 71
  三、其他库房及车间 ········ 74
  四、车库、车间建筑的一般技术要求 ········ 76

复习思考题 ··· 77
　第四节　综合维修基地 ··· 77

第四章　常用检修设备及工量具的使用与维护 ··· 78

　第一节　常用检修机械设备介绍 ··· 78
　　一、台虎钳的使用与维护 ··· 78
　　二、分度头的使用与维护 ··· 79
　　三、砂轮机的使用与维护 ··· 82
　　四、钻床的使用与维护 ··· 83
　　五、带锯机的使用与维护 ··· 86
　　六、电钻的使用与维护 ··· 87
　　七、电磨头的使用与维护 ··· 87
　　八、电动曲线锯的使用与维护 ·· 88
　　复习思考题 ··· 88

　第二节　常用工卡量具的使用与维护 ·· 89
　　一、金属直尺的使用与维护 ·· 89
　　二、游标万能角度尺的使用与维护 ·· 90
　　三、游标卡尺的使用与维护 ·· 91
　　四、千分尺的使用与维护 ··· 93
　　五、百分表的使用与维护 ··· 95
　　六、量块的使用与维护 ··· 96
　　七、塞尺的使用与维护 ··· 97
　　八、卡钳的使用与维护 ··· 98
　　复习思考题 ··· 100

　第三节　专用工量具的使用与维护 ··· 101
　　一、轨道交通车辆车轮第四种检查器 ·· 101
　　二、轨道交通车辆轮对内距尺 ·· 105
　　三、轨道交通车辆轮径尺 ··· 106
　　复习思考题 ··· 109

第五章　城市轨道交通车辆维修主要设备 ··· 110

　第一节　车辆维修设备的配置 ·· 110
　　一、配置原则 ··· 110
　　二、电客列车一般修理（定修以下）的设备基本配置 ·· 111
　　三、列车维修（架大修）的设备专业配置 ··· 111
　　四、列车安全运营设备的特殊配置 ·· 113

复习思考题 114
第二节　城市轨道交通车辆主要维修设备介绍 114
　　一、不落轮镟床 114
　　二、列车自动清洗机 118
　　三、地面式架车机 121
　　四、地下式架车机组 123
　　五、公/铁路两用蓄电池牵引车 125
　　六、空调悬臂吊 127
　　七、室内移车台 129
　　八、轮对压装机 130
　　九、转向架清洗机 131
　　十、转向架升降台 133
　　十一、转向架试验台 134
　　十二、金属橡胶弹簧试验台 135
　　十三、交流牵引电机试验台 136
　　十四、车辆静态称重试验台 138
　　十五、减振器试验台 140
　　十六、阀类试验台 140
　　十七、辅助逆变器试验台 142
　　十八、空压机总成试验台 144
　　十九、电器综合试验台 145
　　二十、单元制动机试验台 146
　　二十一、受电弓测试台 146
　　二十二、空调负载试验台 147
　　二十三、自动车钩试验台 148
　　二十四、救援复轨组合设备 149
　　二十五、列车车下走行部在线检测设备 155
　　复习思考题 157

参考文献 158

第一章　城市轨道交通车辆的运用与检修管理

第一节　城市轨道交通车辆的运用、检修管理体制

城市轨道交通车辆的运用、检修工作是城市轨道交通系统的重要组成部分。随着城市轨道交通的发展，许多城市的城市轨道交通逐步形成网络，城市轨道交通网络管理的统一化、总体化的综合管理受到广泛重视。对城市轨道交通车辆建立适应城市轨道交通网络要求的运用和检修管理体制，实现城市轨道交通车辆设备资源、人力资源统一管理、综合利用，以及管理的集约化、规模化、规范化，是提高车辆运行、检修工作效率、运行质量、经济效益和社会效益的有效途径，并已成为城市轨道交通车辆运用和检修工作的目标。

一、城市轨道交通车辆的运用和检修流程及其评估

（一）城市轨道交通车辆的运用和检修工作流程

城市轨道交通车辆的运用和检修工作流程如图 1-1 所示，图中虚线框中程序属于车辆检修单位（部门）的工作范围，双点画线框中程序属于车辆运用单位（部门）的工作范围。

运营公司根据客流情况并统筹考虑公司车辆配属量及车辆检修需要，制订乘客运输计划，确定列车运行图，确定列车的需用计划，然后进入车辆检修和运用单位（部门）的工作程序。

1. 车辆检修的主要工作范围

车辆检修单位（部门）根据列车的需用计划制订列车检修计划。制订列车检修计划时应统筹考虑列车的修程和车辆检修设备等检修条件，在保证运输需求和列车运行质量的前提下细致地制订计划。列车检修计划在得到批准后，车辆检修单位（部门）应认真组织实施，按车辆检修规程和检修工艺，在列车修竣并经检验合格后与车辆运用单位（部门）进行列车交接，修竣列车作为完好列车纳入运用列车范围。

每日列车运营结束回库后，车辆检修单位（部门）应对列车进行日常检查维护，经检查技术状态良好和经维护与简单修理恢复良好技术状态的列车交列车运用调度，作为次日运用列车。当列车需要进一步检修，交车辆临修组进行修理。

运营列车在运营途中发生故障时，若故障在列车司机处理范围之内并经司机处理恢复良好技术状态的列车可继续在正线运营。列车司机若不能处理，应尽量避免救援，驾驶列车行驶至折返线或停车线，由车辆检修单位（部门）的列检人员进行处理和维护，经处理和维护恢复良好技术状态的列车可继续投入正线运营。当列车需要进一步检修，交车辆临修组进行修理。

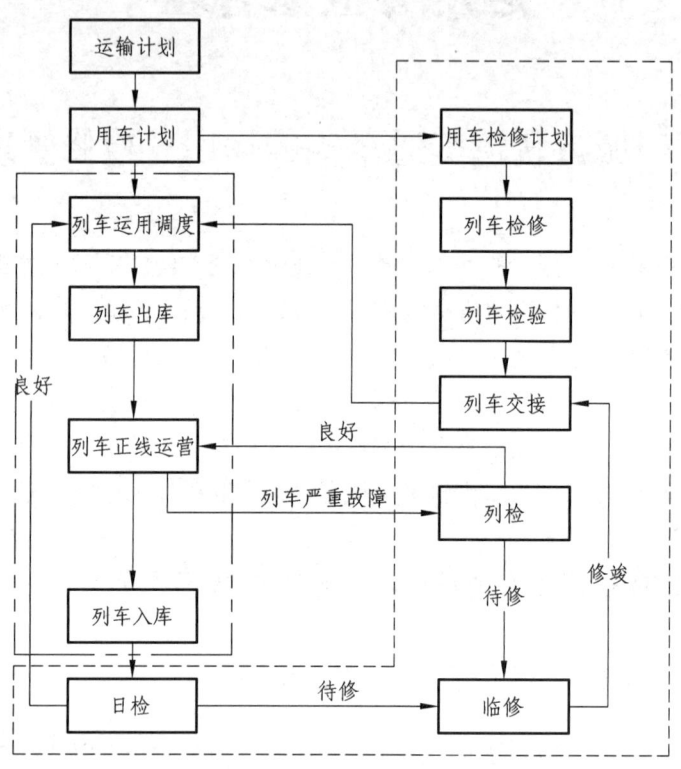

图 1-1　城市轨道交通车辆的运用和检修工作流程

2．车辆运用的主要工作范围

（1）车辆运用单位（部门）根据得到批准的列车检修计划将需要进行检修的列车交车辆检修单位（部门）对检修列车进行检修。

（2）掌握运用列车的情况进行列车和列车司机的合理调度，按照确定的列车运行图安排运用列车和列车司机，进行每日的列车运营。

（3）在运营列车发生掉线、退出运营，或运用列车发生临修、不能投入次日运营时，安排备用列车投入运营。

（4）车辆运用单位（部门）还应安排列车司机在车辆检修单位（部门）对检修列车的调试工作，配合进行列车的动态调试工作。

（二）城市轨道交通车辆的运用和检修工作的评估

城市轨道交通是直接面对社会和乘客的公共交通，以安全、准时、快速、便捷的特点深受广大市民青睐；同时，城市轨道交通运营单位也是以"人·公里"作为生产产品的运输生产企业。因此，城市轨道交通运营单位要不断地提高服务质量，同时也必须以最小的投入取得最大的产出为目标，不断地总结运营经验，及时对工作进行评估，持续改进、提高管理水平，达到提高效率、提高质量、降低成本的最终目标。

城市轨道交通车辆是运载乘客的直接工具，车辆运行质量直接影响到对乘客的服务质量，同时车辆检修在整个运营成本中占据着较高的比例，车辆的检修质量也直接影响到列车的运行质量。因此，在运营单位进行运营管理的评估工作中，对城市轨道交通车辆的运用和检修工作的评估占有极其重要的地位。

对城市轨道交通车辆的运用和检修工作的评估指标主要有以下几项：

1. 车辆利用率（%）

最高运营列车数与配属列车之比：

$$\frac{最高运营列车数}{配属列车数} \times 100\%$$

指标意义：配属列车=运营列车+备用列车+检修列车。

车辆利用率高，说明列车质量稳定，需要的备用列车少，列车检修停运时间少，车辆的检修质量和效率高；同时，投入列车增加可提高运营的经济效益。

指标反映了对列车的检修水平和车辆运营的成本水平。

2. 列车平均无运营故障运行里程（km）

运营列车正线运营总里程与列车运营发生故障总数之比：

$$\frac{列车正线运营总里程}{列车正线运营故障总数}$$

指标意义：运营故障指运营列车发生救援、清客和造成 5 min 及以上运营间隔的故障。

指标反映了列车的运行可靠性及车辆检修质量对运营服务质量的影响。

3. 车辆临修率[次/(列·10^3 km)]

运营列车每运行一千千米平均发生的临修次数：

$$\frac{列车临修次数}{列车行驶总里程} \times 10^{-3}$$

指标意义：临修次数指列车临时发生故障经技术工人修理的次数，修理指对车辆进行零部件更换或尺寸调整。

指标反映了各修程对车辆的检修质量。

4. 车辆下线率[次/(列·万 km)]

运营列车每运营万公里因故障离开运营线路回库的平均次数：

$$\frac{\text{列车故障下线次数}}{\text{列车行驶里程}} \times 10^{-4}$$

指标意义：车辆下线包括因列车故障司机对可处理故障处理不当引起的列车下线和因列车故障司机不能处理引起的列车下线。

指标反映了对车辆的检修质量及司机在列车运营中处理车辆故障的能力。

5. 车辆维修效率（人/辆）

定修及以下修程的检查维修人员数与配属列车数之比：

$$\frac{\text{车辆维护（定修及以下修程）人员}}{\text{配属列车数}}$$

指标意义：车辆检查维修人员数为车辆日常检修实际需要人员数，不包括为新线开通准备的储备人员数。

指标反映了对车辆进行日常维护的工作效率。

6. 车辆检修效率（人/辆）

车辆架修/大修所用人工数与完成车辆架修/大修的车辆数之比：

$$\frac{\text{架修/大修人员总数} \times \text{停运天数}}{\text{完成修理车辆数}}$$

指标意义：车辆检修人员数为实际需要人员数，不包括为新线开通准备的储备人员数；停运天数从送修起至竣工交付运营止。

指标反映了对车辆进行架修、大修的工作效率。

二、城市轨道交通车辆的运用和检修工作管理模式

城市轨道交通车辆的运用和检修工作管理模式目前有两种：一种是城市轨道交通车辆的运用和检修工作由车辆部门统一管理；另一种是车辆的检修由车辆部门进行管理，车辆的运用由客运部门管理。

第一种模式的每个运营线路的车辆管理单位是车辆段，下属有检修车间、运用车间和其他相关的辅助车间和职能部门，承担运营线路配属车辆的检修和运用工作。车辆段根据运营的需要向运营线路提供完好车辆，并对车辆的运用和检修（即图1-1虚线框中和双点画线框中的所有工作范围）进行统一管理、全面负责。但运用车辆出段进入运营正线后，统一由运营公司的控制中心指挥，按列车运行图运行。

这种管理模式的优点是对车辆进行统一管理，有利于制订司机操作规程、列车故障操作办法等与车辆技术有关的列车运用规章制度，有利于进行列车司机的培训，有利于列车运行情况的反馈和处理，有利于车辆运用与车辆检修后的调试工作；且比较容易进行车辆运行、检修的统筹安排，车辆运用和检修的管理程序简化、管理效率较高。

第二种模式是各运营线路成立客运公司，车辆的运行（即图1-1双点画线框中的车辆工作范围）和线路设备、设施由客运公司统一管理。这种管理模式可以对所有运营线路设备、设施和车辆统一管理，有利于统一协调，尤其是在发生运营特殊情况时协调和处理的效率高。客运公司的车辆运用部门除保证正线车辆运行外，还必须做好车辆检修所需要的调车、列车调试等配合工作。车辆段除完成车辆检修任务（即图1-1虚线框中的工作范围），保证向线路运营提供完好车辆外，还必须做好制订各种与车辆技术有关的运行规章制度、对列车司机进行技术培训等配合工作。

无论采取哪种管理模式，车辆的运用和检修工作以及其他各专业必须密切配合，这样才能使城市轨道交通系统作为大联动机顺利地运转。

三、城市轨道交通车辆的检修模式

在城市轨道交通发展的初始阶段，当城市轨道交通只有一两条线路时，一般一条线设一个车辆段，另设车辆大修厂或在一个车辆段设置车辆大修厂。车辆段应设可对各种车辆部件进行维修的维修班组。通常，对车辆进行现场修理，车辆的检修效率较低，成本较高。

目前，我国城市轨道交通向着网络化发展，北京、上海、广州、天津等城市都规划了众多互相沟通、纵横交错、彼此连接的城市轨道交通网络体系。过去一条线设一个车辆段，城市轨道交通车辆的检修模式显然已经落后，远远不能适应今天城市轨道交通网络化的要求。车辆检修的基地需要配备大量的线路、设备设施，并要占用大量土地。随着城市的发展，土地资源宝贵、土地价格昂贵，有必要对城市轨道交通网络的车辆、车辆检修设备以及有关的技术、物资、人力等资源实现共享。目前，车辆的设计和生产采用先进技术，使得车辆的维修量逐步减少、维修周期逐步延长，并且很多车辆部件朝着免维修的方向发展，这也为车辆检修资源的共享创造了有利条件。

我国城市轨道交通车辆的检修模式借鉴国外先进经验，在车辆检修资源共享、综合利用、统一管理方面取得了很大的发展，主要体现在：车辆检修方式采用部件互换修，车辆部件专业化集中修理，车辆使用、维护保养、检修合理分工，最终实现车辆段多线共用等方面。这不仅可以大大提高车辆检修的效率和质量、降低车辆的检修成本，而且对提高城市轨道交通运营的经济效益和社会效益都具有重要的意义。

（一）采用部件互换修为主的车辆检修方式

1. 现车维修方式

在城市轨道交通发展初期，车辆配属量较少，车辆检修量较小，车辆的检修往往采用现车维修的工艺方式，如图1-2所示，这种方式除少量待修和报废的零件从备品库领取新品外，其他零部件均待修竣后再安装在车辆上。这种检修方式不需要储备过多的备用零部件，但是由于零部件检修时间较长，有时车辆需要等待零部件修竣才能组装、编组、调试，因此车辆的检修停运时间长，有时还会导致检修质量得不到可靠保证。

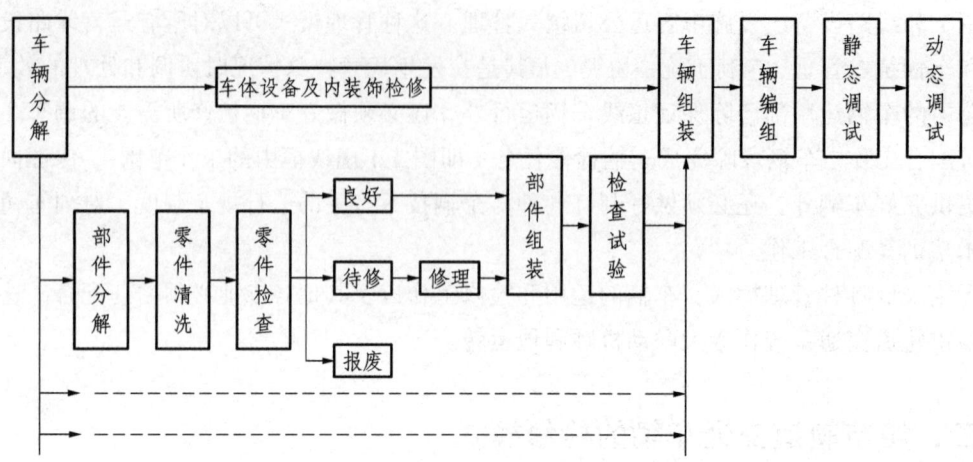

图1-2 现车维修方式的车辆检修工艺过程

2. 部件互换修方式

采用部件互换修的车辆检修方式，是在车辆定期检修时将待修车辆上分解下来的零部件或车辆临修需要从车辆上拆卸下来的零部件修竣后，可安装在同车型的任何车辆上。而在车辆检修的组装时所需的零部件来源于部件中心提供的互换零部件。采用部件互换修车辆检修方式的工艺过程如图1-3所示。

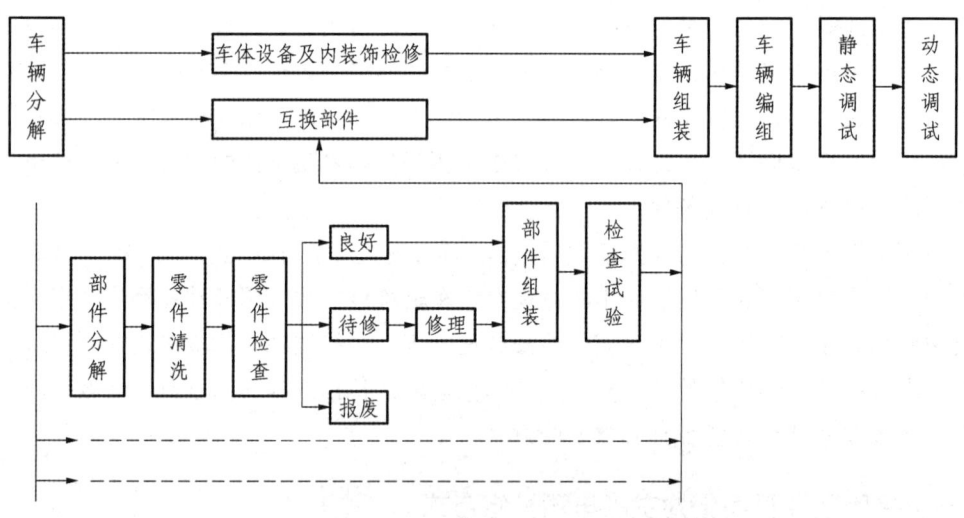

图1-3 部件互换修方式的车辆检修工艺过程

采用部件互换修的车辆检修方式需要必要的车辆零部件的储备周转量，列车的检修分成了独立的两大部分：车辆检修和零部件检修。车辆检修实质上就是（列车解编）→车辆分解→车体设备和内装饰检修→车辆组装→（列车编组）→调试的过程，而不受零部件检修时间的影响。

采用部件互换修为主的车辆检修方式的优点是：

（1）可以大大缩短车辆的检修停运时间，提高车辆的利用率。
（2）为合理组织生产创造有利条件，从而有效地提高劳动生产率。
（3）能提高车辆的检修质量，提升车辆运行的可靠性。
（4）为车辆零部件检修的专业化，形成检修生产规模化创造有利条件。
（5）车辆利用率的提高还会减少城市轨道交通工程的建设成本，降低运营成本。

车辆检修时全部件采用互换修，要大量的互换零部件的储备量，目前仍有一定困难，需要根据实际情况确定互换零部件的范围，但对车辆主要零部件，例如：车钩缓冲装置、转向架、轮对、轴箱装置、空调以及车辆的电气设备，目前一般都采用了互换修，形成了以部件互换修为主的车辆检修方式。随着车辆设计和生产的改进，车辆采用模块化设计，相同功能的设备、零部件外形、功能趋于相同，在同类型车辆可以互换、通用，车辆零部件的互换性得到提高，车辆零部件互换的范围会扩大；并且车辆设计正趋于少维修、免维修，检修周期延长。列车检修有可能不需要进行列车解编、车辆分解，将出现一种新的车辆零部件互换检修模式——由列车编组换件修模式代替传统的车辆检修模式（分解→检修→组装→编组）。

（二）车辆零部件的专业化集中修理

车辆零部件的检修不仅需要大量的专业化的检修设备、人才，还需要专业的试验设备。在城市轨道交通形成网络，配属车辆大大增加，车型比较集中以及车辆相同功能的设备、零部件外形、功能趋于相同的情况下，车辆零部件的专业化集中修理无疑是降低车辆零部件检修成本、提高检修效率和质量、形成规模效应、提高经济效益的最佳选择。在规划中，城市轨道交通网络可以设置车辆部件维修中心，兼为车辆部件的物流中心；也可以在不同车辆段设置不同车辆零部件维修基地，作为部件维修中心的分部，供给本车辆段和其他车辆段的车辆部件互换修使用。原有车辆段的零部件检修能力和资源就可以得到充分的利用。也可以设专门的车辆部件修理厂，在需要对车体等进行厂修、技术改造时，发展为车辆修理厂，并进行车辆部件的集中专业修理，供城市轨道交通网络车辆检修使用。

（三）城市轨道交通车辆的检修分类

车辆检修按照采用车辆部件互换修的方式和车辆检修资源共享、综合利用、统一管理的原则，可以分为3个层次：停车场检修、车辆段检修、大修厂检修。

1. 停车场检修

停车场承担城市轨道交通车辆的停放、清洁、检查、维护的任务，一般进行车辆定修（年检）及以下车辆修程，定修（年检）以检查车辆系统或部件的技术状态为主，并根据需要对其进行维修或更换。另外还需通过静调和动调，对列车进行综合性能的测试。停车场还应具有对车辆进行临修的能力，遇到重大临修可采用部件的互换修。

一般一条运营线路设置一个停车场，对于一些运营线路较短并且运营线路是交叉或共线运营的线路有条件的也可共用一个停车场，对于运营里程在30 km以上的较长线路，为了使列车出/入停车库时间比较均衡，可以设置辅助停车场，辅助停车场一般只承担城市轨道交通车辆的停放、清洁、整备任务，不进行车辆的检修工作。即使进行车辆检修，一般只进行车辆列检工作。

2. 车辆段检修

车辆段是进行车辆架修、大修的车辆维修基地。车辆段应具有本线停车场的能力。对车辆的架修、大修采用部件互换修方式为主、现场修方式为辅，可以提高车辆检修效率，减少车辆停运时间，加快车辆周转时间。车辆段还应具备车辆部件的检测和维修能力，进行车辆部分部件的专业化集中修理，供给本车辆段和其他车辆段的车辆部件互换修使用。按照车辆检修资源共享、综合利用、统一管理的原则在城市轨道交通形成网络时，车辆段作为车辆架修、大修基地，大都采用多线共用方式。

德国柏林9条线总长146 km，设有2个车辆段（大修基地），汉堡3条线总长101 km，设有1个车辆段（大修基地）；俄罗斯莫斯科9条线总长230 km，设有2个车辆段（大修基地）。这些车辆段集中承担城市轨道交通全系统车辆的大修任务。

上海在规划城市轨道交通网络的基础上，研究形成了在城市轨道交通车辆停车场、车辆段的布局规划，并逐步实施。目前，城市轨道交通3号线、4号线、M8线共用宝山车辆段，1、2号线共用梅陇车辆段，进行车辆的架修、大修。规划在上海城市轨道交通全系统总长805 km中，设置7个车辆段来承担上海整个城市轨道交通网络的车辆架修、大修任务。同时，各段还承担部分部件的修理任务，以满足本段和其他段对车辆架修、大修的部件互换修要求。

3. 车辆修理厂检修

车辆修理厂对全系统的车辆集中进行全面大修、翻新和技术改造工作，一般在车辆需要进行全面大修、对车体进行大修和进行技术改造时进行建设。

车辆修理厂还可以是轨道交通网络车辆部件（模块）的维修中心，满足停车场、车辆段互换件的需求。同时，车辆修理厂应具备派人到停车场、车辆段维修现场进行部件检查、简易维修的能力。可以同时兼有物流（部件）供应中心的功能。

（四）城市轨道交通车辆集中架修、大修的模式

目前，在各个运营线路上运营的车辆由于多种原因虽然车型相同（例如，都采用A型车或B型车），但由于生产厂家不同，甚至在一条运营线路上运营有4种类型之多的车辆，因此城市轨道交通车辆集中架修、大修要根据实际情况采用不同的检修管理模式。

1. 同类型车辆集中架修、大修

这种车辆检修模式的优点是：使车辆检修所需要的检修技术及人力资源、检修设备和设施、材料和备品备件等资源类别简单统一，有利于统一使用；生产管理简捷高效，可以提高车辆检修的效率和质量，并且可以降低车辆的检修成本。

缺点是：车辆回送检修基地可能占用较长时间，空走距离较长。随着城市轨道交通服务水平的提高，运营时间延长，在线路非运营时间对运营线路及设备、设施的维护保养工作越来越紧张的情况下，有可能对线路正常运营和夜间线路及设备、设施的维护保养工作造成较大干扰。

在车辆共线运行或交叉运行，线路间具有联络线，回送距离较短的情况下，可以采用同类型车辆集中架修、大修模式。

2. 同线或同区域车辆集中架修、大修

这种车辆检修模式技术性较复杂，检修设备和设施必须与多类型车辆兼容，材料和备品备件种类和储备量相对较多，技术管理、生产管理都比较复杂。但是由于这种模式车辆回送方便，对城市轨道交通网络的线路运营和晚间运营设备、设施维护保养或施工干扰较少，因此同线或同区域车辆集中架修、大修模式普遍得以采用。

车辆检修在运营成本中占有较大比例，车辆是轨道交通乘客的直接运载工具，车辆运行的可靠性是保证城市轨道交通正常运营秩序的最重要因素，因此城市轨道交通网络应确定车辆的基本车型，统一车辆的基本技术要求，为车辆和车辆的检修设备、设施的资源共享，实现车辆检修工作的集约化，降低车辆检修成本，提高车辆运营可靠性创造有利条件。

（五）车辆集中架修、大修对城市轨道交通网络管理的要求

对城市轨道交通网络各线的车辆进行集中架修、大修，就必须将网络的所有车辆作为一个系统，统一制订车辆的架修、大修以及为车辆架修、大修服务的车辆零部件的检修和仓储计划，并且从网络出发编制好列车的送修和回送计划，在保证车辆及时得到架修、大修的同时，还要把对各线路正常运营的影响降到最低，这就对城市轨道交通网络管理提出了较高的要求。

1. 车辆集中架修、大修计划

车辆大修计划的申报和制订，涉及不同的运营线路，有时还会涉及不同的运营公司，要由轨道交通网络进行统筹管理。

2. 列车送修、回送计划

列车的送修和回送，可能通过多条轨道交通线路和联络线，势必涉及多条运营线路的运营和夜间线路设施的维修，必须统筹兼顾、周密安排，要由轨道交通网络进行统筹管理。

3. 部件维修及仓储计划

承担车辆架修、大修的车辆段还承担部件维修并具有物流（部件）的仓储功能，除满足本段的需要外，还服务于其他车辆段和停车场。为此，部件维修计划和仓储计划的制订要做到供求信息准确、及时、迅速，才能满足列车维修的需要，这也需要通过轨道交通网络统筹管理。

复习思考题

1. 评估城市轨道交通车辆的运用和检修工作的指标有哪几项？各有何含意？
2. 城市轨道交通车辆的运用和检修工作管理模式有哪几种？
3. 什么是现车维修方式？有何特点？
4. 什么是部件互换修方式？有何特点？
5. 采用部件互换修为主的车辆检修方式的优点是什么？
6. 城市轨道交通车辆的检修分为哪几个层次？

第二节　城市轨道交通车辆的检修制度

一、检修策略和检修制度

检修是指为恢复某设备或其零部件所规定的技术状态和工作能力所进行的活动总称，修理是指对有形损伤的局部补偿，包括诊断、拆卸、鉴定、更换、修复、装配、磨合、试验和涂装等作业。

车辆是城市轨道交通系统的最主要设备，为保证日常运营安全、准点、畅通和舒适，要求车辆始终处于良好的技术状态下。因此，检修工作十分重要。城市轨道车辆维修制度就是指在什么情况下对车辆进行维修及维修要达到什么状态的一种技术规定。

当车辆运行到一定里程或一定时间时，就要按车辆检修规程和车辆部件检修工艺的要求对车辆及其部件进行检查、维护或修理，这就是通常所讲的城市轨道交通车辆检修制度。

由于城市轨道车辆一般都编挂成列运行，有着严格的运行时间表，不可能随时停车检修，只要一列车中的某辆车发生故障，就会耽误到站时间，甚至清客退出服务。而且列车发生故障，不但影响本列车运行，还会影响整个轨道交通系统的正常运营。有些严重故障如果不能及时发现并消除，可能会造成列车颠覆或引发火灾，造成人员伤亡和巨大的财产损失。因此，要求车辆技术质量高、维修后技术状态好，以保证轨道交通运营安全、正点。尤其是市场经济的发展和人民生活水平的提高，对城市轨道车辆提出了更高的要求，如要求车辆运行平稳、乘坐舒适，车上服务设施如空调、通风和照明等系统必须保持状态良好。从运营经济效益而言，还必须提高车辆利用率、降低检修成本。为此，城市轨道车辆检修必须寻求一种以可靠性为中心，车辆高利用率和检修经济性为目标的综合检修策略。

车辆的检修工作以这种指导检修实践的策略来确定检修计划、检修类别与等级、检修结构与检修周期，以及检修标准与检修组织体系等，从而形成了检修制度。

二、检修的基本方式

机电设备在投入使用后的维护和修理，各企业根据自身特点有着不同的规定，但是一般说来大致有以下 3 种基本方式。

（一）定期维修

定期维修是以产品使用时间作为基准，只要产品使用到预先规定的时间，不管其技术状态如何，都要进行规定内容的维修工作，因此又称为时间性预防维修方式。对轨道车辆来说，是以使用时间或运行里程作为检修期限。只要车辆使用到预先规定的时间或运行的里程，不管其技术状态如何，都要进行规定的检修工作，这是一种带强制性的预防维修方式。

定期维修的依据主要是零部件的损伤规律，并且有明显的时间相关性。当车辆运用一定时间或走行一定里程后，某些零部件会产生一定程度的磨损、腐蚀和老化等，是损耗性的，有时会影响其正常工作和安全，甚至会出现故障或造成事故。但是有些重要的零部件却很难检查和判断其技术状况，或者找不出其他十分有效的预防方法，因此，必须在规定时期内，实施定期维修，虽然要花费一定的工作费用，但工作的费用要少于可能发生故障所造成的损失。

合理地确定检修周期是定期维修的关键问题。检修周期太短、更换零部件的时间太早，就会造成人力、物力的浪费；反之，如果更换不及时，会影响零部件的正常工作，甚至造成严重的后果。定期维修方式可以很好地发挥其作用，定时检查或更换零部件可以保证零部件的抗故障能力或至少与零部件的原始状态很接近，使故障率有较大的降低。当然，最好的方法就是能准确地掌握零部件的维修时机，如能在进入剧烈磨损之前就进行更换或修理，这样，既能保证零部件正常工作不失效，又不致造成零部件寿命的浪费。

（二）视情维修

视情维修是根据测试故障发出的预告信号，为预防故障的发生或避免故障的后果而采取的维修，又称为按需性预防维修方式。这种维修方式是依据维修对象的实际情况来确定维修时机。它不规定拆卸分解范围和维修期限，而是在检查、测试其技术状态的基础上，确定最佳维修时机和部位。

在车辆维修行业，这种维修方式是基于经常性地对车辆重要零部件的某些参数或性能的视情资料的监测和定量分析，酌情决定维修时间和维修内容。视情资料是指通过诊断或监测获得的表征零部件状态参数的资料，它可以是逐渐检查的连续记录，也可以是性能参数的连续记录等资料。视情维修能把发生故障的可能性降低到可以接受的水平，并在发出故障警告后有足够的时间采取措施。

显然，视情维修方式可以充分发挥零部件的工作潜力，提高预防维修的有效性，减少维修工作量和人为的差错。然而，采用这种维修方式必须具有一定的诊断或监测的技术条件和设备。因此，是否完全采用这种维修方式，或者对车上哪些重要零部件可以采用，都要根据实际情况和维修所花的费用来决定。

（三）事后维修

事后维修又称为故障维修，其特点是除了日常的保养维护外，虽然也考虑到预防措施，但只是等零部件出了故障后再修理。它不控制维修时期，是一种发生故障之后才进行修理的非预防性维修方式。根据事后维修的特点，它比较适合下列情况：零部件故障是突发性的，无法预测，而且故障的后果不至于影响运营安全；或者零部件的故障是渐进性的，但故障后果不涉及运营安全，所造成的经济损失小于定期预防故障的费用。对这类零部件和一些偶然事故，没有必要进行预防性维修，可以在故障发生之后再加以修理或更换。这样，这些零部件就可以得到充分利用，适当减少预防维修的范围和项目，避免由于不必要的拆卸、检查、保养而造成损失和浪费。

综上所述，定期维修和视情维修属于预防性维修，它们对渐近性故障的发生有预防作用。事后维修则是非预防性的维修，对偶然性故障，或对预防性维修不经济的情况下才使用，而且使用它的前提是故障发生不会影响安全运行。定期维修是按固定时间周期检修；视情维修是按实际状态检修；而事后维修则是在不确定时间和状态下，不坏不修，坏了才修。这 3 种维修方式各有特点，各有一定的适用范围。应用恰当，则有优势；应用不当，则是拙劣之举。

从当今城市轨道车辆维修行业的发展趋势来看，随着状态监测技术和手段的不断加强，由定期预防性维修逐步走向视情维修，即通常所说的状态修，将是主要方向。

三、两种不同的城市轨道交通车辆检修制度

检修制度的确立来自于实践，它是一种经验的积累和总结。一个城市轨道交通企业或一条线路，只有通过长期反复实践和论证，才能建立起一套完整的检修制度。因此，世界各国对城市轨道交通车辆所采用的检修制度，因为自身经验和思维的不同，有很大的差异，但大致上可以分为两种基本类型：一种类型是将车辆维修划分成若干个周期，按周期制订不同的维修规程，然后按规程进行有计划的预防性维修；另一种类型是不断观测和记录车辆在运用中的技术状态，按照车辆各种零部件的状态和表征这些状态的参数确定检修时间和内容，然后进行必要的维护和修理。这两种基本类型检修分别称为计划修和状态修。

（一）计划修

计划修是指对车辆进行有计划的检修。检修是按照一定规程进行的。这种规程是按不同车种或车型，分别根据各种车辆零部件的损伤速度和使用极限制订出来的。它规定了车辆检修的具体时间周期、检修范围、检修内容和检修标准。计划修的目的是在掌握了车辆损伤规律的基础上，在零部件尚未达到失效之前就加以修复或更换，因此是一种预防性的检修，而且防重于治，防治结合。按计划定期进行检修，可以防止和减少车辆故障，延长使用寿命，确保城市轨道交通安全运营。

除了计划检修外，计划修的内容还包括日常维护。日常维护是指平时还需对车辆按规定的时间间隔进行必要的检查和保养，其主要内容包括清洁、检查、调整、紧固与润滑以及易耗小件的更换等。其目的一方面是消除车辆的细小隐患，把故障消灭在萌芽状态，从而保证

列车安全运行；另一方面也能对主要零部件的技术状态有所积累，使计划检修工作能够比较主动。

建立计划修制度，必须具备以下前提和基础：

（1）有长期积累的车辆零部件检修记录，或者同类零部件资料归纳总结获得的主要零部件的检修周期。新购车辆可由供货商提供零部件的检修周期。

（2）根据主要零部件的检修周期，制订出一套完整的车辆检修规程，规程包含检修周期、检修等级（范围）、检修内容（工艺流程）和检修标准（检修限度和工艺文件）。

（3）与车辆检修规程相配套的检修场地（车间）、检修人员、检修设备等条件。

（4）有足够的、不影响运营的、可供计划检修周转用的备用车辆。

（二）状态修

状态修是指按车辆的现状而进行必要的检修。与计划修相比，状态修没有明确和固定的检修计划，每次修理的作业范围和工作量是随机的，车辆什么零部件有故障就修理什么零部件。虽然这种检修模式的工作量比计划修大大降低，但不均衡性较严重，因此不能制订固定的检修计划。

从维修方式角度来看，状态修属于视情维修，它是一种按需性预防维修方式。对车辆检修的实施是根据日常检查以及经常性监测与测试车辆零部件技术状态，按技术状态的表征参数而随时进行的预防性修理。因此，实施状态修能避免计划修的检修频繁、在修时间长等缺点，从而显著地提高车辆的利用率和降低车辆的维修成本。

建立状态修制度，必须具备以下前提和基础：

（1）对车辆的技术状态有很强的监测与检测手段，包括检测人员和设备。

（2）有一支机动性的、多工种的、处理故障能力很强的技术工人队伍。

（3）车辆发生故障不会造成重大影响或整条轨道交通线路瘫痪。

状态修具有较高的检修效率、较小的工作量，因此，近年来引起国内外的格外重视，并逐渐成为一种发展趋势。当然，与计划修制度相比，它们各有优缺点和适用条件。我们应根据车辆的具体构造，零部件易发生故障的类型与后果，以及企业自身条件的许可，选择适宜的维修方式和检修制度。

四、我国城市轨道交通一般采用的车辆检修制度

目前，我国城市轨道交通企业一般采用的车辆检修制度是预防性的定期计划检修。定期计划检修分为定修、架修和大修等多级。为保证车辆的安全运营并消除各种先期故障，定期计划检修还包括日常维修。日常维修有日检、周检（双周检）、月检（双月检）和临修（掉线修和不掉线修）多种。

下面对我国城市轨道交通企业的车辆定期计划检修制度内容逐一进行介绍。

（一）日常维修

日常维修的基本任务是确保运营车辆具有良好的技术状态，尽量做到能及时发现并消除潜在故障，防止运营事故，保证行车安全。

日常维修一般在停车场的检修库（或停车库内的检修线）进行。一般停车场的检修部门负责对每天的回库运营列车进行日检，发现故障立即维修处理。每天凌晨出车前，司机也必须对列车进行出库（出乘）检查，只有完好的车辆才允许投入运营。

对运营中的车辆，如果发现故障，若能在运营线路的折返线或其他停车线上临时修复的，则及时就地维修；修理工作量较大的，则须将列车从运营中退出，送入检修库的临修线进行修理（一般称之为掉线修理）。

列车的日常维修一般分为日检、周检（双周检）和月检（双月检）等。城市轨道交通企业及其车辆不同，检查维修周期也不同。即使是同一个企业，由于车辆制造厂家的不同，车辆特性和设计上的差异，也会制订出不同的检查维修周期。一般停车场（库）都设有检修库，分别设有日检线、月（周）检线和临修线若干条。列车日常维修的主要任务在于保证列车的安全运行，对车辆的所有不良状况必须进行修复，如停车场修理条件不够，则需转入车辆修理工厂作临时修理。

（二）定 修

定修周期较短，每年或每 10 万 km 进行一次，着重于经常性的检修，作业范围小，要求也较低。

（三）架 修

架修是在经过多次（一般 5 次）定修或运行 50 万 km 以后进行的高级修程，检修范围大，质量要求高。架修有的在车辆段内进行，如北京地铁；有的在车辆修理厂内进行，如上海地铁。其任务是维护车辆的基本性能，保证安全舒适地运送乘客。架修时对车辆进行全面检查，着重于分解检查车辆的转向架、车钩缓冲装置和制动装置等部件；按规定更换磨损过限的零件，排除车辆零部件的各种故障、修复损伤，提高车辆的使用效率。

（四）大 修

大修要求更高，其周期也较长，大约每 10 年或每运行 100 万 km 进行一次。大修是指在车辆修理厂内进行的定期检修，其目的在于全面恢复车辆的基本性能，使其修理后的技术状态接近于新造车的水平，主要部件应保证运用到下一个大修期不发生较大的故障。大修时对车辆进行全面检查和彻底修理，并对车辆进行必要的现代化技术改造，以提高车辆的质量。

车辆的定期检修划分为不同的修程和检修周期，主要是根据车辆在运用中的技术状态，实际上是由车辆零部件的损伤和失效规律所决定的。各修程间既有分工，又有互相配合，才能保证车辆始终处于良好的技术状态中。

五、城市轨道交通车辆的均衡计划修和车辆检修制度的改革

随着城市轨道交通形成网络,城市轨道交通车辆的设计、生产技术向"低维修、高性能"方向发展,可以对车辆的维修方式和车辆维修资源的合理配置进行深入研究,逐步对传统的车辆检修制度进行改革,能够使车辆的维修工作以至于车辆段的规划、设计和建设都更加经济合理、更加高效。

(一) 车辆的日常均衡检查、维修

1. 列车运行窗口和车辆的日常均衡检查、维修

城市轨道交通运营时间具有非昼夜连续的特点,运营时间一般为 5:00—23:00,并且还具有早、晚客流高峰时段特点,在高峰期和非高峰期采用不同的运行图,运行列车数也各有不同。列车都有停止运营的间隙时间,对列车非运营时间称做列车运行窗口,如图 1-4 所示的阴影部分。

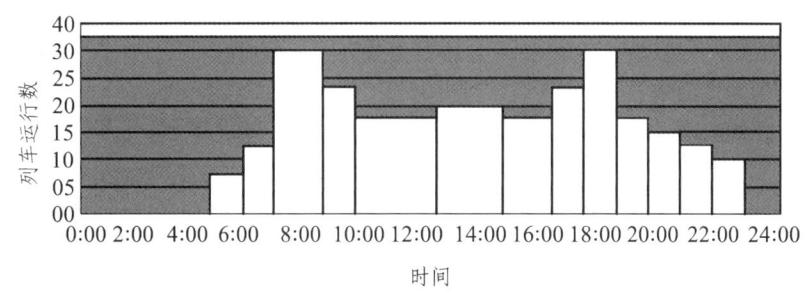

图 1-4　全日运行计划和列车运行窗口

目前,对车辆的日常检查维修如周检、月检(双月检、三月检)、定修(年检)是以列车作为检修对象,将列车停运集中进行全面检查、维修,一般要分别占用半天、一天、十天才能完成对车辆的检查、维修工作。如果把以列车作为检修对象转换为以车辆设备、零部件作为检修对象,并将检修项目的完成时间控制在列车运行窗口时间内,就可以利用列车运行窗口时间将原车辆的检查内容分散在几个时段及不同场合进行,对检查后需要进行维修的零部件采用互换修的方式,就可以使车辆的检查、维修工作分散而均衡,这就是均衡修方式,如图 1-5 所示。

2. 车辆日常均衡检查、维修方式的试验

上海地铁在实现了对车辆检修的计算机管理和对车轮等零部件进行了状态修的基础上,试点进行对车辆的日常均衡检查、维修方式。首先对多年车辆运营、检修统计、积累的大量数据进行分析,对检修项目的进行周期有些缩短、有些延长,对检修周期和内容进行优化,使之更加合理,符合车辆的实际技术状况,以提高车辆检修质量和列车运行的可靠性;然后覆盖原有月检 A、月检 B(双月检)、定修(年检)3 个修程的项目和内容,并进行重新组合,

将修程调整为检1~检12，对车辆的检修工作都在列车运营窗口时间完成。列车运营窗口时间定义为10:30—20:30。检1~检10在一个列车运营窗口时间完成；检10~检12安排检修量较大和彼此关联性较强、较多的检修项目，占用两个列车运营窗口时间，安排在运营高峰特点不明显的双休日进行，或将同类车辆设备、零部件按车辆单元分阶段进行。对于在检查中发现需要进行修理的车辆设备、零部件用互换件进行更换，避免车辆零部件的修理对车辆检修进度的影响。

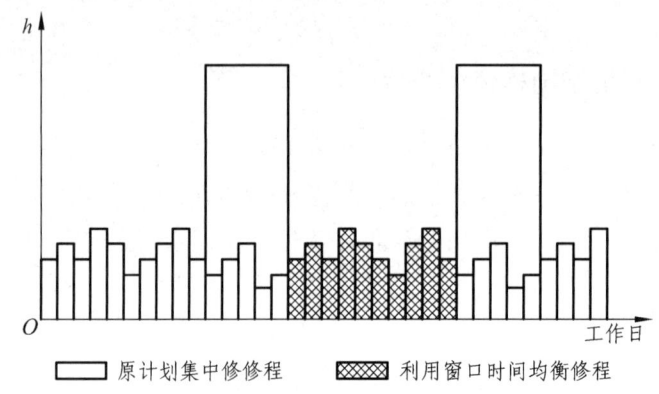

图1-5 车辆均衡修方式示意图

检修项目的周期分类如表1-1所示。表中"√"表示对全列车的同类设备零部件进行检查、维修，"M""Mp""Tc"表示对M、Mp、Tc车的同类设备零部件进行检查、维修，对于加热器、空调则按季节进行检查、维修。在对车辆设备、零部件检修项目和内容进行组合时考虑项目的关联性和检修工作的均衡性。由表可见，检1~检12的检修项目包含了车辆月检、双月检、四月检、半年检、一年检等的检查、维修项目。

表1-1 车辆均衡修的检修项目分类表

序号	项目分类	检1	检2	检3	检4	检5	检6	检7	检8	检9	检10	检11	检12
1	月检	√	√	√	√	√	√	√	√	√	√	√	√
2	双月检		√		√		√		√		√		√
3	四月检				√				√				√
4	半年检			√							√		
5	年检						√						
6	按车辆	M	Mp	Tc									
7	加热器	十月进行											
8	空调	三月进行											

采用日常车辆的均衡检查、维修工作方式的优点是：
（1）避免必须使列车退出每日运行才能进行检修，使运能发挥最大效能。

（2）检修力量和检修设备避免忙闲不均现象，使检修能力效益最大化。

（3）互换修可以使车辆检修和车辆零部件的维修同时进行，可提高检修质量和列车运行的可靠性。

采用日常车辆的均衡检查、维修工作方式，对检修生产组织工作提出了更高的要求：

（1）检修生产的计划、调度工作复杂，对此必须建立相应的计算机管理系统进行生产的计划、调度工作，并根据车辆的车况进行调整。

（2）需要增加车辆互换件的储备量。

（3）对车载信号和无线通信设备的检修必须和车辆均衡检修方式相适应。

（4）需要行车调度和停车场或车辆段的检修调车作业更加密切地配合工作。

（二）车辆的计划预防性全面修理

制订车辆检修制度，确定车辆的检修周期，主要考虑车辆零部件的检修周期和使用寿命，通常将最小检修周期定为 1 年。将检修周期短、数量不多、检修量又不大的零部件列为日常检查维修的内容。城市轨道交通车辆目前采用的检修循环结构与检修周期如图 1-6 所示。

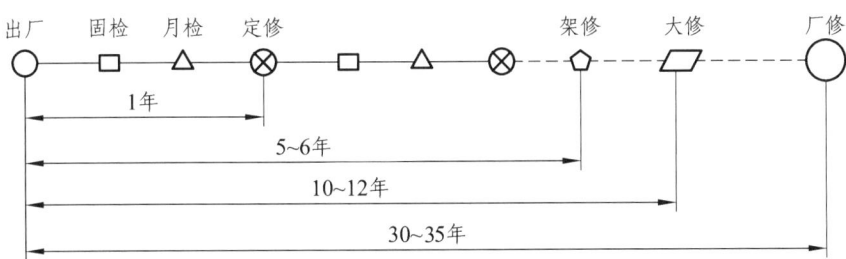

图 1-6 车辆检修循环图

目前按里程或运行时间进行的车辆检修基本都是以整个列车作为对象。定修（年检）是对整列车进行检查维修，架修和大修采用对车辆解体和组装，进行全面修理，并且检修项目和内容也大致相同。但是车辆部件具有不同的使用寿命和维修周期，因此目前按里程或运行时间的方式确定的修程，造成有些部件得不到及时维护而有些部件又进行了不必要维修的情况，以致人力、财力浪费，列车技术状态质量难以保证。

（三）以部件为重点的车辆均衡计划性修理

这种修理方式是以车辆每个系统和零部件维护标准为重点，增加以部件为重点检修内容的修程，安排含有不同检修内容的多级修程，并对列车的整体技术性能进行检测。在车辆主要系统需要进行更换修时，对车辆进行全面检查、修理或更换，全面恢复列车的技术性能。这样就可以延长对车辆进行全面修理的周期，这种均衡计划检修方式可以使车辆的检修成本、效率、质量最优化。

表 1-2 所示车辆的检修计划就反映了这种以车辆的系统和部件为重点的均衡计划修方式。

表 1-2　车辆检修计划

修　程	检修主要内容	时间间隔	运行距离/km
F1（月检）	目测检验转向架和车体	每月	10 400
F2（a）（三月检）	目测检验特定的磨损件（受电弓滑板，制动闸瓦），更换空气过滤网	3个月	31 250
F2（b）（半年检）	F2（a）再另外加上： ——更换受电弓滑板； ——检查气动元件功能	6个月	62 500
F3（a）（年检检）	F2（b）再另外加上： ——检查牵引箱及辅助逆变器； ——检查车门，清洗及加油脂； ——镟轮	每年	125 000
F3（b）（2年检）	F3（a）再另外加上： ——检修接地触头； ——检修空调； ——更换车轮	2年	250 000
F3（c）（3年检）	F3（b）再另外加上： ——检修接地触头； ——检修空调； ——更换车轮	3年	375 000
R（1）（6年修）	F3（b）另外加上： ——更换贯通道的易损件； ——牵引箱大修	6年	625 000
R2（a）（12年修）	R1另外加上： ——车体大修； ——转向架重点大修； ——牵引电机和减速齿轮箱重点大修	12年	1 250 000
R2（b）（30年修）	对车辆的内部装饰、外部油漆进行翻新，对车辆设备进行全面分解、检测、修理或更换，使车辆全面恢复技术性能，并进行重大技术改造	30年	3 750 000

掌握车辆零部件故障间隔周期是制订车辆均衡修修程的重要依据，根据零部件检修周期进行分组是制订修程的重要步骤。

将原有修程改变为均衡检修方式需要进行车辆故障及其间隔时间统计，并要细化故障部位，统计列车各系统、子系统、零部件故障发生周期，在对大量数据的积累、分析的基础上，掌握车辆各系统可靠度、故障分布规律等可靠性技术参数及检修周期。然后对车辆检修周期相同或相近的零部件进行分组，制订以车辆设备、部件为主的车辆均衡计划检修规程。

在车辆购置时，要对车辆的设计、生产提出均衡计划检修的要求，并要求车辆生产单位提供车辆部件的设计寿命和检修周期，提出车辆修程的建议。随着车辆设计、生产水平的提高，零部件制造水平的提高，使用寿命的延长，部件故障间隔周期和检修周期相应会发生变化，针对不同的车辆均衡修修程也各有差异，这就需要车辆运营单位对车辆运行和检修情况进行统计分析，根据车辆的实际车况进行相应地调整，使均衡修的修程更加科学、严谨。

（四）车辆均衡计划检修的优点和所需条件

车辆均衡计划检修的最终目标是在不降低列车可靠性的前提下最大限度地缩短停库时间，最大限度地提升列车投运率。实现车辆均衡计划检修要求将车辆检修的生产组织工作提高到一个新的水平，并且必须创造一定的客观条件。

1. 采用车辆均衡计划检修方式的必备条件

（1）需要掌握车辆零部件的故障规律和磨损规律，根据车辆不同部件的寿命和维护周期，制订不同的检修策略。

（2）采用互换修方式对车辆进行检修，需要一定的备品、备件储备量。

（3）对车辆零部件尽可能专业化集中检修，完备车辆部件的检测设备和检修设备，提高车辆零部件的检修质量。

（4）尽可能增加列车的在线检测设备，及时掌握列车及其设备的动态技术状态，不断提高车辆的状态修水平。

2. 采用车辆均衡计划检修方式的优点

（1）提高对车辆及其设备检修的利用效率，提高车辆检修工作和资源利用的均衡水平。

（2）使备品备件储备集中，资源共享，统一调配，使备品备件的分散库存量降到最低，有些可实现"零"储备，减少因此占用的流动资金。

（3）可以实现车辆和车辆零部件的专业化检修，提高车辆检修的质量。

（4）使车辆检修的厂房和设备集中，减少建设投资，并提高其利用效率，降低维修成本。

（5）提高列车的投运率和运营的可靠性，获得良好的经济效益和社会效益。

复习思考题

1. 什么是城市轨道交通车辆的检修制度？
2. 城市轨道交通车辆有哪几种基本的维修方式？
3. 什么是定期维修？
4. 什么是视情维修？
5. 什么是事后维修？

6. 什么是计划修？
7. 什么是状态修？
8. 我国城市轨道交通车辆一般采用什么样的检修制度？它分为哪几种？
9. 如何制订车辆零部件的使用期限？
10. 什么是列车运行窗口？
11. 什么是车辆的均衡计划修方式？

第三节 车辆零部件的损伤和失效

一、车辆零部件的损伤类型和失效模式

城市轨道车辆在日常运营中，每天担负着成千上万名乘客的运送任务。在运输过程中车辆除了消耗电能量，还会对自身造成"消耗"，从而产生"损伤"。除了因自然消耗产生的"损伤"外，还可能由于车辆以及零件的设计、材料、工艺及装配等各种原因引起"损伤"。"损伤"由小变大，最后车辆零部件丧失规定的功能而无法继续工作，这称之为"失效"。根据国标《可靠性、维修性术语》（GB/T 3187—94）的定义："失效是产品终止完成规定功能的能力这样的事件。"产品可以是零件、运动副、部件、整个机器或系统。故障包括功能的完全丧失和性能下降到可接受限度之外的情况。

当车辆的关键零部件失效时，就意味着车辆处于故障状态，将会对运营安全造成极大的危害。车辆维修的目的就是通过不断地修复和更换已经受到损伤的零部件，避免关键零部件失效，恢复其应有的原始技术状态，以保证城市轨道交通车辆安全、正常地运营。

任何事物的产生、发展和消亡都有它自身的规律。城市轨道车辆每个零部件的设计、制造、运用、损伤甚至失效同样也有它自身的规律。因此，车辆维修的目的不仅仅是把零部件的损伤修复，而且要研究和掌握损伤产生的原因、发展的规律以及预防失效的方法，从而采取必要的措施，降低失效的发生率或减缓损伤的发展速度。为此，首先来讨论和研究车辆零部件的损伤类型和失效模式。

车辆的故障与车辆零部件的失效密不可分，而失效是在损伤达到一定程度时产生的。车辆设备和零部件的故障分为自然故障和事故性故障两类。

自然故障是指零部件的正常磨损或物理、化学变化造成零部件的变形、断裂和蚀损等，使车辆零部件失效所引起的故障。

事故性故障是指因维护不当、操作不当或使用了质量不合格的零件和材料等，使车辆零部件失效而造成的故障，这种故障是人为的，是可避免的。在分析和调查车辆零部件损伤和失效原因时，应加以区分。

除了车辆机械零部件或有触点电气零部件会"损伤"和"失效"外，车辆电气控制设备

中的各种电子元器件也有自己的"损伤"和"失效",如导通性能下降、耐压下降、击穿、断路和绝缘破坏等。

在车辆使用过程中,损伤类型和失效模式有多种多样,但磨损、变形、断裂和蚀损是机械性损伤与失效最主要的模式;而击穿、断路和短路是电气性损伤与失效的最主要模式。

二、车辆零部件的磨损及过程

相接触的物体相互移动时发生阻力的现象称为摩擦。相对运动的零件的摩擦表面发生尺寸、形状和表面质量变化的现象称为磨损。摩擦是不可避免的自然现象;磨损是摩擦的必然结果,两者均发生于材料表面。摩擦与磨损相伴产生,造成机械零件的损伤和失效。车辆零部件的磨损是指相接触的零部件相互移动时,摩擦副在工作表面发生尺寸、形状和表面质量变化的现象。城市轨道交通车辆是以一定速度运行的机械,运用中产生磨损的零部件很多。例如,车轮踏面及轮缘、轴承滚动体及内外圈、车门及驱动装置、车钩及缓冲器零件,以及各种销及销孔等。这些零部件在列车运行中,都会因为磨损而逐渐改变它的尺寸和形状。当达到一定限度后,这些零部件就不能继续使用,必须进行更换或修理。在城市轨道车辆的日常维修工作中,磨损的零部件是最主要的修理对象。

由于相对运动产生的摩擦而引起的各种磨损,通常有正常磨损与非正常磨损。正常磨损又称为自然磨损。摩擦副在工作时,其接触面必然会产生一种损伤或消耗。磨损量的大小与摩擦副工作时间和工作条件有关:车辆走行时间越长或公里数越多,磨损就越大;自然环境条件的好坏,对磨损量大小也有较大的影响。沙尘和温度都是增加磨损量的主要因素。非正常磨损又称为剧烈磨损,是由于摩擦副的磨损超过一定限度后,会引起配合性质的改变,使间隙加大、润滑条件变坏,产生冲击,零部件的磨损速度急剧增大。在这种情况下极易发生事故。一般机械设备中约有80%的零部件因为磨损而失效报废。如果加强对车辆的日常维修保养,保证摩擦副在正常工作条件下运作,那么非正常磨损是可以有效避免的。

摩擦和磨损涉及的科学技术领域甚广,特别是磨损,它是一种微观和动态的过程,在这一过程中,机械零件不仅会发生外形和尺寸的变化,而且会产生其他各种物理、化学和机械现象。零件的工作条件是影响磨损的基本因素。这些条件主要包括运动速度、相对压力、润滑与防护情况、温度、材料、表面质量和配合间隙等。为了降低摩擦副零件的磨损速度,提高零件表面的耐磨性,必须了解磨损产生的过程,掌握零件磨损的规律性和影响磨损速度的因素。

以摩擦副为主要零件的机械设备,在正常运转时,机械零件的磨损过程一般可分为磨合(跑合)阶段、稳定磨损阶段和剧烈磨损阶段,如图1-7所示。

1. 磨合阶段

新的摩擦副表面具有一定的粗糙度,实际接触面积小。开始磨合时,在一定载荷作用下,表面逐渐磨平,磨损速度较大,如图中的 OA 线段。随着磨合的进行,实际接触面积逐渐增大,磨损速度减缓。在机械设备正式投入运行前,进行磨合是十分重要的。

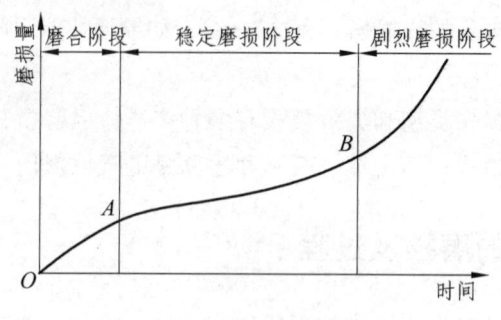

图 1-7 机械磨损过程

2. 稳定磨损阶段

经过磨合阶段,摩擦副表面发生加工硬化,微观几何形状改变,建立了弹性接触条件。这一阶段磨损趋于稳定、缓慢,AB 线段的斜率就是磨损速度;B 点对应的横坐标时间就是零件的耐磨寿命。

3. 剧烈磨损阶段

经过 B 点以后,由于摩擦条件发生较大的变化,如温度快速升高、金属组织发生变化、冲击增大、磨损速度急剧增加、机械效率下降和精度降低等,从而导致零件失效,机械设备无法正常运转。

三、车辆零部件的磨损形式

通常,将机械零件的磨损分为黏着磨损、磨料磨损、疲劳磨损、腐蚀磨损和微动磨损等 5 种类型。

(一)黏着磨损

黏着磨损又称为黏附磨损,是指当构成摩擦副的两个摩擦表面相互接触并发生相对运动时,由于黏着作用,接触表面的材料从一个表面转移到另一个表面所引起的磨损。

根据黏着磨损机理,摩擦副的表面即使是抛光得很好的光洁表面,但实际上也还是高低不平的。因此,两个金属零件表面的接触,实际上是微凸体之间的接触,实际接触面积很小,仅为理论接触面的 1%及以下。所以即使在载荷不大时,单位面积的接触应力也很大,如果这一接触应力大到足以使微凸体发生塑性变形,并且接触处很干净,那么这两个零件的金属面将直接接触而产生黏着。当摩擦表面发生相对滑动时,黏着点在切应力作用下变形甚至断裂,造成接触表面的损伤破坏。这时,如果黏着点的黏着力足够大,并超过摩擦接触点两种材料之一的强度,则材料便会从该表面上被扯下,使材料从一个表面转移到另一个表面。通常这种材料的转移是由较软的表面迁移到较硬的表面上。在载荷和相对运动作用下,两接触点间重复产生"黏着—剪断—再黏着"的循环过程,使摩擦表面温度显著升高,油膜破坏,严重时表层金属局部软化或熔化,接触点产生进一步黏着。根据零件摩擦表面的破坏程度,黏着磨损可分为轻微磨损、涂抹、擦伤、撕脱和咬死等 5 类。

在金属零件的摩擦中，黏着磨损是剧烈的，常常会导致摩擦副的灾难性破坏，应加以避免。但是，在非金属零件或金属零件和聚合物件构成的摩擦副中，摩擦时聚合物会转移到金属表面上形成单分子层，凭借聚合物的润滑特性，可以提高耐磨性，此时黏着磨损起到有益的作用。

（二）磨料磨损

磨料磨损又称为磨粒磨损，它是当摩擦副的接触表面之间存在着硬质颗粒，或者当摩擦副材料一方的硬度比另一方的硬度大得多时，所产生的一种类似于金属切削过程的磨损。它是机械磨损的一种，特征是在接触面上有明显的切削痕迹。在各类磨损中，磨料磨损约占 50%，是十分常见且危害性最严重的一种磨损，其磨损速率和磨损强度都很大，致使机械设备的使用寿命大大降低，能源和材料大量消耗。

根据摩擦表面所受的应力和冲击的不同，磨料磨损的形式可分为錾削式、高应力碾碎式和低应力擦伤式 3 类。

磨料磨损的机理属于磨料颗粒的机械作用，磨料的来源有外界砂尘、切屑侵入、流体带入、表面磨损产物、材料组织的表面硬点及夹杂物等。

目前，关于磨料磨损机理有以下 4 种假说：

1. 微量切削

这种假说认为磨料磨损主要是由于磨料颗粒沿摩擦表面进行微量切削而引起的，微量切屑大多数呈螺旋状、弯曲状或环状，与金属切削加工的切屑形状类似。

2. 压痕破坏

这种假说认为塑性较大的材料，因磨料在载荷的作用下压入材料表面而产生压痕，并从表层上挤出剥落物。

3. 疲劳破坏

这种假说认为磨料磨损是磨料使金属表面层受交变应力而变形，使材料表面疲劳破坏，并呈小颗粒状态从表层脱落下来。

4. 断　裂

这种假说认为磨料压入和擦划金属表面时，压痕处的金属要产生变形，磨料压入深度达到临界值时，伴随压入而产生的拉伸应力足以产生裂纹。在擦划过程中，产生的裂纹有两种主要类型：一种是垂直于表面的中间裂纹；另一种是从压痕底部向表面扩展的横向裂纹。当横向裂纹相交或扩展到表面时，便发生材料呈微粒状脱落形成磨屑的现象。

（三）疲劳磨损

疲劳磨损是摩擦表面材料微观体积受循环接触应力作用产生重复变形，导致产生裂纹和分离出碎片或颗粒的一种磨损。

疲劳磨损根据其危害程度可分为非扩展性疲劳磨损和扩展性疲劳磨损两类。

疲劳磨损的过程就是裂纹产生和扩展的破坏过程。根据裂纹产生的位置，疲劳磨损的机理有以下两种情况：

1. 滚动接触疲劳磨损

在滚动接触过程中，材料表层受到周期性载荷作用，引起塑性变形、表面硬化，最后在表面出现初始裂纹，并沿与滚动方向呈小于 45°的倾角方向由表向里扩展。表面上的润滑油由于毛细管的吸附作用而进入裂纹内表面；当滚动体接触到裂口处时将把裂口封住，使裂纹两侧内壁承受很大的挤压作用，加速裂纹向内扩展。在载荷的继续作用下，形成麻点状剥落，在表面上留下痘斑状凹坑，深度为 0.1～0.2 mm 及以下。

2. 滚滑接触疲劳磨损。

根据弹性力学，两滚动接触物体在表面下 0.786b（b为平面接触区的半宽度）处切应力最大。该处塑性变形最剧烈，在周期性载荷作用下的反复变形使材料局部弱化，并在该处首先出现裂纹，在滑动摩擦力引起的切应力和法向载荷引起的切应力叠加作用下，使最大切应力从 0.786b 处向表面移动，形成滚滑疲劳磨损，剥落层深度一般为 0.2～0.4 mm。

（四）腐蚀磨损

在摩擦过程中，金属同时与周围介质发生化学反应或电化学反应，引起金属表面的腐蚀剥落，这种现象称为腐蚀磨损。它是在腐蚀磨损与机械磨损、黏着磨损和磨料磨损等相结合时才能形成的机械化学磨损。因此，腐蚀磨损的机理与前述 3 种磨损的机理不同。腐蚀磨损是一种极为复杂的磨损过程，经常发生在高温或潮湿的环境下，更容易发生在有酸、碱、盐等特殊介质的条件下。

按腐蚀介质的不同类型，腐蚀磨损可分为氧化磨损和特殊介质下的腐蚀磨损两大类。

1. 氧化磨损

我们知道，除金、铂等少数金属外，大多数金属表面都被氧化膜覆盖着。若在摩擦过程中，氧化膜被磨掉，摩擦表面与氧化介质反应速度很快，立即又形成新的氧化膜，然后又被磨掉，这种氧化膜不断被磨掉又反复形成的过程，就称为氧化磨损。

氧化磨损的产生必须同时具备以下条件：

（1）摩擦表面要能够发生氧化，而且氧化膜生成速度大于其磨损破坏速度。

（2）氧化膜与摩擦表面的结合强度大于摩擦表面承受的切应力。

（3）氧化膜厚度大于摩擦表面破坏的深度。

在通常情况下，氧化磨损比其他磨损轻微得多。

2. 特殊介质下的腐蚀磨损

特殊介质下的腐蚀磨损是摩擦副表面金属材料与酸、碱、盐等介质作用生成的各种化合物，在摩擦过程中不断被磨掉的磨损过程。其机理与氧化磨损相似，但磨损速度较快。

由于腐蚀本身可能是化学的或电化学的性质，故腐蚀磨损的速度与介质的腐蚀性质和作用温度有关，也与相互摩擦的两个金属形成的电化学腐蚀的电位差有关。介质腐蚀性越强，作用温度越高，腐蚀磨损速度越快。

（五）微动磨损

两个接触表面由于受相对低振幅振荡运动而产生的磨损称为微动磨损。它产生于相对静止的接合零件上，因而往往易被忽视。微动磨损的最大特点是：在外界变动载荷作用下，产生振幅很小（小于 100 μm，一般为 2~20 μm）的相对运动，由此发生摩擦磨损。例如，在键连接处、过盈配合处、螺栓连接处和铆钉连接接头处等结合上产生的磨损。

微动磨损使配合精度下降，过盈配合部件结合紧度下降甚至松动，连接件松动乃至分离，严重者引起事故。微动磨损还易引起应力集中，导致连接件疲劳断裂。

微动磨损的机理是由于微动磨损集中在局部范围内，同时两个摩擦表面永远不脱离接触，磨损产物不易往外排除，磨屑在摩擦表面起着磨料的作用；又因摩擦表面之间的压力使表面凸起部分黏着，黏着处被外界小振幅引起的摆动所剪切，剪切处表面又被氧化，所以微动磨损兼有黏着磨损和氧化磨损的作用。

例如，车辆轮对的轮毂孔内侧与车轴接触处，因接触压力较大，使界面上的微凸体因塑性变形而黏附，再受小振幅的相对运动作用，致使黏结点剪切而脱落，形成的磨屑与氧气反应后生成 Fe_2O_3。因此，轮座裂纹处出现的红褐色粉末，即为微动腐蚀磨损的实例。

金属的磨损速度以单位时间内磨损的金属质量或厚度来表示。对于车辆零件来说，通常以走行若干千米或若干时间后几何尺寸的减少量来计算。

影响磨损速度的因素是多方面的，往往不是某一个因素，而是几种因素同时作用的结果。然而，在几种影响因素中总有一种主要因素，从而决定了磨损是以某一种规律出现的。无论哪一种磨损规律，影响磨损速度的主要因素，可归纳为下述 3 个方面：

1. **摩擦副工作条件的影响**

工作条件主要指摩擦副的摩擦类型（滑动、滚动或转动）、载荷性质与大小，以及摩擦面相对运动的速度等因素。滚动摩擦的磨损速度远比滑动摩擦为小，同一种磨损形式也因载荷性质和相对速度的差异而不同，动载荷和较大的相对速度，其磨损速度也较大。

2. **摩擦副表面特性的影响**

磨损的各种现象都从摩擦表面开始，因此摩擦表面层金属的组织和硬度，以及零件表面的加工质量，对磨损速度均有直接影响。表面层金属的组织和硬度是影响磨损速度的主要因素之一。金属的金相组织不同，硬度也不同。

摩擦表面机械加工的质量是影响磨损速度的主要因素之一。摩擦表面越粗糙，磨损速度越大。在一定条件下工作的摩擦副，对摩擦表面的粗糙度有一定的要求，粗糙度过高或过低，都会促使磨损速度的增加。因此，应合理地选择摩擦表面的粗糙度，这样既能降低磨损速度，又可以减少不必要的加工费用。通常，应选择零件在正常磨损阶段的表面粗糙度作为技术要求的标准是最适宜的。

摩擦表面经过加工后的几何形状误差，会破坏摩擦副的正常工作条件，导致磨损速度加快，同时也是造成零件偏磨的主要原因。

金属零件经机械加工后，往往在表面层产生塑性变形，使硬度有所提高，形成了一定深度的加工硬化层，从而能提高其耐磨性。因此，对某些易磨损的零件进行滚压加工，借以提高零件的表面硬度和耐磨性。

3. 摩擦副界面间润滑介质的影响

摩擦副的摩擦形式，随界面之间的润滑情况而不同。润滑油的质量与载荷及工况，决定了界面之间油膜的厚度与油膜的耐久性，从而使摩擦副处于液体、半液体或干摩擦的条件下工作。良好的润滑条件，均能降低零件的磨损速度。

上述3方面影响磨损速度的因素：第一个因素是决定磨损类型和磨损速度的基本因素；第二个因素是从工艺上提高零件耐磨性应考虑的措施，也是车辆修理时提高零件耐磨性的手段之一；第三个因素是决定摩擦特性的因素，也直接影响到磨损速度的大小。

四、车辆零部件的变形

车辆零部件的变形是指机械零件或构件在外力的作用下，产生形状或尺寸变化的现象。过量的变形是机械失效的重要类型，也是判断韧性断裂的明显征兆。例如，各种传动轴的弯曲变形；车辆底架主梁在变形下挠曲或扭曲；弹簧的变形等。变形量随着时间的不断增加，逐渐改变了产品的初始参数，当超过允许极限时，将丧失规定的功能。有的机械零件因变形引起结合零件出现附加载荷、相互关系失常或加速磨损，甚至造成断裂等灾难性后果。

根据外力去除后变形能否恢复，机械零件或构件的变形可分为弹性变形和塑性变形两大类。

（一）弹性变形

金属零件在作用应力小于材料屈服强度时产生的变形称为弹性变形。

弹性变形的特点如下：

（1）当外力去除后，零件变形消除，恢复原状。

（2）材料弹性变形时，应变与应力成正比，其比值称为弹性模量，它表示材料对弹性变形的阻力。在其他条件相同时，材料的弹性模量越高，由这种材料制成的机械零件或构件的刚度便越高，在受到外力作用时保持其固有的尺寸和形状的能力就越强。

（3）弹性变形量很小，一般不超过材料原长度的 0.1%～1.0%。

在金属零件使用过程中，若产生超量弹性变形（超量弹性变形是指超过设计允许的弹性变形），则会影响零件正常工作。例如，当传动轴工作时，超量弹性变形会引起轴上齿轮啮合状况恶化，影响齿轮和支承它的滚动轴承的工作寿命；车辆底架梁件若产生超量弹性变形，则会引起疲劳裂纹。因此，在机械设备运行中，防止超量弹性变形是十分必要的。除了正确设计外，正确使用十分重要，应严防超载运行，注意运行温度规范，防止热变形等。

（二）塑性变形

塑性变形又称为永久变形，是指机械零件在外加载荷去除后留下来的一部分不可恢复的变形。

金属零件的塑性变形从宏观形貌特征上看，主要有翘曲变形、体积变形和时效变形三种形式。

1. 翘曲变形

当金属零件本身受到某种应力（如机械应力、热应力或组织应力等）的作用，其实际应力值超过了金属在该状态下的拉伸屈服强度或压缩屈服强度后，就会产生呈翘曲、椭圆或歪扭的塑性变形。因此，金属零件产生翘曲变形是它自身受复杂应力综合作用的结果。翘曲变形常见于细长轴类、薄板状零件以及薄壁的环形和套类零件。

2. 体积变形

金属零件在受热与冷却过程中，由于金相组织转变引起比体积变化，导致金属零件体积胀缩的现象称为体积变形。例如，钢件淬火相变时，奥氏体转变为马氏体或下贝氏体时比体积增大，体积膨胀；淬火相变后残留奥氏体的比体积减小，体积收缩。马氏体形成时的体积变化程度，与淬火相变时马氏体中的含碳量有关。钢件中含碳量越多，形成马氏体时的比体积变化越大，膨胀量也越大。此外，钢中碳化物不均匀分布往往会增大变形程度。

3. 时效变形

钢件热处理后产生不稳定组织，由此引起的内应力处于不稳定状态；铸件在铸造过程中形成的铸造内应力也处于不稳定状态。在常温下较长时间的放置或使用，不稳定状态的应力会逐渐发生转变，并趋于稳定，由此伴随产生的变形称为时效变形。

塑性变形导致机械零件各部分尺寸和外形的变化，将引起一系列不良后果。例如，车辆上的车门框架和门叶的变形，会导致车门无法开启或关闭。零件的局部塑性变形虽然不像零件的整体塑性变形那样引起明显失效，但也是引起零件失效的重要形式。如键连接、花键连接、挡块和销钉等，由于静压力作用，通常会引起配合的一方或双方的接触表面挤压（局部塑性变形），随着挤压变形的增大，特别是那些能够反向运动的零件将引起冲击，使原配合关系破坏的过程加剧，从而导致机械零件失效。

五、车辆零部件的断裂

车辆零部件的断裂是指零部件在机械力、温度、磁场感应和腐蚀等单独作用或共同作用下，其本身连续性遭到破坏，发生局部开裂或分裂成几部分的现象。与磨损和变形相比，车辆零部件由于断裂而失效的概率较小，但是车辆零部件的断裂往往会造成严重的机械事故，产生严重后果，因此是一种最危险的失效模式。

机械零件的断裂一般可分为塑性断裂、脆性断裂、疲劳断裂和环境断裂4种形式。

1. 塑性断裂

塑性断裂又称为延性断裂或韧性断裂。零件在外力作用下首先产生弹性变形，当外力引起的应力超过弹性极限时即发生塑性变形，外力继续增加，应力超过抗拉强度时发生塑性变形后造成的断裂就称为塑性断裂。塑性断裂的宏观特点是断裂前有明显的塑性变形，常出现"缩颈"现象。塑性断裂断口形貌的微观特点是断面有大量韧窝（即微坑）覆盖。塑性断裂实际上是显微空洞形成、长大、连接以致最终导致断裂的一种破坏方式。

2. 脆性断裂

金属零件或构件在断裂之前无明显的塑性变形，裂纹扩展速度极快的一类断裂称为脆性断裂。它通常在没有预示信号的情况下突然发生，是一种极危险的断裂形式。

3. 疲劳断裂

机械设备中的许多零件，如轴、齿轮和凸轮等，都是在交变应力作用下工作的。它们工作时所承受的应力一般都低于材料的屈服强度或抗拉强度，按静强度设计的标准是安全的。但在实际生产中，在重复及交变载荷的长期作用下，机械零件或构件仍然会发生断裂，这种现象称为疲劳断裂，它是一种普遍而严重的失效形式。在机械零件的断裂失效中，疲劳断裂占很大的比重，为80%~90%。

疲劳断裂的类型很多，根据循环次数的多少可分为高周疲劳和低周疲劳两种类型。

高周疲劳通常简称为疲劳，又称为应力疲劳，是指机械零件断裂前在低应力（低于材料的屈服强度甚至弹性极限）下，所经历的应力循环周次数多（一般大于10万次）的疲劳，是一种常见的疲劳破坏。例如，轴和弹簧等零部件的失效一般均属于高周疲劳破坏。

低周疲劳又称为应变疲劳。低周疲劳的特点是承受的交变应力很高，一般接近或超过材料的屈服强度，因此每一次应力循环都有少量的塑性变形，而断裂前所经历的循环周次较少，一般只有100~10万次，寿命短。

4. 环境断裂

环境断裂是指材料与某种特殊环境相互作用而引起的具有一定环境特征的断裂方式。塑性断裂、脆性断裂和疲劳断裂均未涉及材料所处的环境，实际上机械零件的断裂，除了与材料的特性、应力状态和应变速度有关外，还与周围的环境密切相关，尤其是在腐蚀环境中材料表面的裂纹边缘由于氧化、腐蚀或其他过程使材料强度下降，促使材料发生断裂。环境断裂主要有应力腐蚀断裂、氢脆断裂、高温蠕变断裂、腐蚀疲劳断裂和冷脆断裂等形式。

六、车辆零部件的蚀损

车辆零部件的蚀损是指金属材料与周围介质产生化学反应或电化学反应而导致的损伤。由于车辆日夜暴露在大气中,经常受到风霜雨雪的侵害以及各种腐蚀性气体,如盐雾、酸雨的侵蚀,致使车辆零部件尤其是金属结构受到损伤而失效。金属腐蚀的程度,主要取决于金属的材质和防腐层的性能,与车辆走行里程无关。

蚀损即腐蚀损伤。疲劳点蚀、腐蚀和穴蚀等统称为蚀损。

疲劳点蚀是指零件在循环接触应力作用下表面发生的点状剥落的现象。

腐蚀是指零件受周围介质的化学及电化学作用,表层金属发生化学变化的现象。

穴蚀是指零件在温度变化和介质的作用下,表面产生针状孔洞,并不断扩大的现象。

金属腐蚀是普遍存在的自然现象,它所造成的经济损失十分惊人。据不完全统计,全世界因腐蚀而不能继续使用的金属零件,约占其产量的10%以上。

由于周围的环境以及材料内部成分和组织结构的不同,金属零件的腐蚀破坏有凹洞、斑点和溃疡等多种形式。

按金属与介质作用机理,机械零件的蚀损可分为化学腐蚀和电化学腐蚀两大类。

(一)机械零件的化学腐蚀

化学腐蚀是指单纯由化学作用而引起的腐蚀。在这一腐蚀过程中不产生电流,介质是非导电的。化学腐蚀的介质一般有两种形式:一种形式是气体腐蚀,指干燥空气、高温气体等介质中的腐蚀;另一种形式是非电解质溶液中的腐蚀,指有机液体、汽油和润滑油等介质中的腐蚀。它们与金属接触时进行化学反应形成表面膜,在不断脱落又不断生成的过程中使零件腐蚀。

大多数金属在室温下的空气中就能自发地氧化,在表面形成一层氧化膜,如果氧化膜能有效地隔离金属与介质间的物质传递,就成为保护膜;如果氧化膜不能有效地阻止氧化反应的进行,那么金属将不断地被氧化。

据研究,金属氧化膜要在含氧气的条件下起保护膜作用必须具备下列条件:

(1)氧化膜必须是紧密的,要能完整地把金属表面全部覆盖住,即氧化膜的面积必须比生成此膜所消耗掉的金属表面面积大。

(2)氧化膜在气体介质中是稳定的。

(3)氧化膜和基体金属的结合力强,且有一定的强度和塑性。

(4)氧化膜具有与基体金属相同的热膨胀系数。

在高温空气中,铁和铝都能生成完整的氧化膜,由于铝的氧化膜同时具备了上述4种条件,故具有良好的保护性能;而铁的氧化膜与铁结合不良,故不能起到保护作用。

（二）金属零件的电化学腐蚀

电化学腐蚀是指金属与电解质物质接触时产生的腐蚀。大多数金属的腐蚀都属于电化学腐蚀，其涉及面广，造成的经济损失大。电化学腐蚀与化学腐蚀的不同点在于其腐蚀过程有电流产生。电化学腐蚀过程比化学腐蚀强烈得多，这是由于发生电化学腐蚀的条件易形成所决定的。

电化学腐蚀的根本原因是腐蚀电池的形成。在原电池中，作为阳极的锌被溶解，作为阴极的铜未被溶解，在电解质溶液中有电流产生。电化学腐蚀原理与此很相近，同样需要具备原电池的3个条件：

（1）存在两个或两个以上的不同电极电位的物体，或在同一物体中具有不同电极电位的区域，以形成正、负极。

（2）电极之间需要有导体相连接或电极直接接触。

（3）有电解液。金属材料中一般都含有其他合金或杂质（如碳钢中含有渗碳体，铸铁中含有石墨等），由于这些杂质的电极电位的数值比铁本身大，便产生了电位差，而且它们又都能导电，杂质又与基体金属直接接触，所以当有电解质溶液存在时便会构成腐蚀电池。

腐蚀电池有微电池和宏观腐蚀电池两种。

（1）微电池。腐蚀电池中由于渗碳体和石墨含量非常小，作为腐蚀电池中的阴极常称为微阴极，这种腐蚀电池称为微电池。

（2）宏观腐蚀电池。当不同金属浸于不同电解质溶液，或两种相接触的金属浸于电解质溶液，或同一金属与不同的电解质溶液（包括浓度、温度、流速不同）接触，这时构成腐蚀电池阳极的是金属整体或其局部，这种腐蚀电池称为宏观腐蚀电池。

金属零件常见的电化学腐蚀形式如下：

（1）大气腐蚀，即潮湿空气中的腐蚀。

（2）土壤腐蚀，如地下金属管线的腐蚀。

（3）在电解质溶液中的腐蚀，如酸、碱、盐等溶液中的腐蚀。

（4）在熔融盐中的腐蚀，如热处理车间，熔盐加热炉中的盐炉电极和所处理的金属发生的腐蚀。

七、车辆电气电子零部件的损伤

车辆电气电子零部件一般分为有触点器件和无触点器件两大部分。传统的直流传动车控制系统采用有触点器件，如凸轮控制器、主接触器、空气断路器和直流电动机等，因此电气故障主要集中在有触点器件上。近年来交流传动车的数量激增，电气传动控制系统的故障大大减少，主要原因是没有了主接触器和直流电机。因此，现在车辆的电气系统故障比较集中在变流元件损坏和控制系统电子线路板故障上。

下面分别叙述车辆电气电子零部件的损伤和失效现象。

（一）变流元件损坏

变流元件指晶闸管、GTR（电力晶体管）、GTO（可关断晶闸管）和 IGBT 等大功率电子元件，它们是交流变频电传动系统和直流斩波电传动系统的主要元件。

由于变流元件的耐压不是很高，因此在主电路出现过电压时容易被击穿。过电压一般出现在雷击时，避雷器和保护电路吸收不及，容易损坏元件。主电路在进行再生制动时，平波电抗产生的突变电压有时也会对元件造成损害，虽然在设计时已有考虑。

过电流是变流元件损坏的又一个"杀手"。产生过流的主要原因是元件的误触发，吸收电路保护不及，元件被击穿。此外，变流元件的散热条件不好，也容易引起过流，长期的过流将导致元件容易被击穿。

（二）电子线路板故障

电子线路板故障主要集中在功率放大部分，因为功放部分电流较大，元件最容易发生过流、短路故障。另一个故障集中点在线路板上的元器件，元器件由于受潮、腐蚀和过热等原因产生接触不良、爬电和断脚，从而使元器件烧损或失效。

此外，线路板上的焊接点由于振动、腐蚀或虚焊，时间一长容易断裂、开焊。有的线路板由于绝缘做得不好，容易产生爬电、短路，这也是电子线路板发生故障的主要原因之一。

由于车辆的振动，电子线路板的接插件经常会松动，使得接触不良，导致输入/输出信号中断，控制系统出现故障；电子线路板之间的控制连线由于疲劳折损也会导致控制信号中断、传输出错等。

车辆电子控制系统属弱电系统，其电子线路板的故障一般都是上述几类。这类故障数量最多，也是最难查找的，主要依靠经验。

（三）主接触器故障

直流牵引列车一般采用大量主接触器来变换主电路。由于电路负载电流大，主接触器开关频率高，发生故障的频率也相当高。主接触器常见故障包括线圈断线、衔铁不释放或释放缓慢、电触头熔焊和接触器相间短路等。

（1）线圈断线使接触器不工作，故障原因主要是：线圈过热或烧损。过热和烧损的原因是安装环境空气潮湿或含腐蚀性气体、线圈匝间短路、接触器操作频率过高和衔铁吸合不完全，导致线圈电流增大（处理办法要视引起衔铁吸合不完全的原因而采取相应的措施）、直流操作电磁铁的双绕组线圈因常闭辅助触头粘焊住，以致启动绕组因长期通电而发热等。

（2）衔铁不释放或释放缓慢故障，原因可能是：反作用力过小，应调大触头弹簧的压力或反力弹簧的拉力。铁心表面有油污黏着；机械活动部分被卡住或转轴生锈、歪斜；触头已有部分熔焊在一起；剩磁过大，对于直流接触器应更换或加厚非磁性垫片，让线圈失电后容易释放衔铁。

（3）电触头熔焊，产生的原因是：操作频率过高或接触器经常过载；闭合过程中振动过于剧烈，而且发生多次的振动（如线圈电压过低，使吸合振动而引起触头振动）；触头分断能力不足，发生负载侧短路后触头便被粘住；触头表面有金属颗粒突起，应清理触头表面；触头弹簧压力过小，应调整触头弹簧的压力；触头有油污、尘垢，或铜触头严重氧化或触头严重烧损，接触面大大缩小，以致接触不良；灭弧系统有故障，需调换灭弧罩。

（4）接触器相间短路，其原因是：接触器箱内尘埃堆积或凝结水汽，使绝缘变坏或是某部位相间绝缘被损坏（如灭弧罩碎裂造成相间电弧的短路）。

（四）直流电机损伤

直流电机发生故障的主要部位是换向器和碳刷，由于过载、过流而引起换向火花过大甚至环火，从而烧损换向器。对于直流电机而言，换向器与碳刷是产生故障和维修工作的重点。

换向器的故障状态包括换向器的外观会发生严重变色，能观察到换向器圆周表面上烧坏和不规则凹凸，以及烧灼痕迹的情况。

碳刷的故障状态包括碳刷接触面外观已不再均匀光滑，有明显条纹，有表面暗淡区域和表面烧伤区以及后边外观有火花痕迹与碎落、烧伤痕迹等。

此外直流电机严重环火后还会烧损放电螺丝等。

（五）其他有触点电器的损伤和失效

其他有触点电器的损伤和失效主要指继电器、空气开关等控制线路的常用电器。

主电路的控制线路中大量使用的是控制继电器，一般触头数量较多、容量较大，常用于增加控制回路数或起信号放大作用的场合。其结构与接触器基本相同，故其触头部分和电磁系统的常见故障与接触器类似。但有一点是比较特殊的：继电器的触头容易产生虚接故障，这种故障常发生在电气控制的工作期间，它不一定是经常发生或固定发生，因而难于捕捉，使故障不易判断。这种故障产生的原因是由于触头受环境污染影响，特别像上海这样的沿海城市，空气中盐雾、酸雾浓度较高，腐蚀性大，从而引起触点压力和接触电阻变化。消除故障的最好办法是采用镀金触头。

空气开关是有触点电器，触点烧熔是失效的主要原因。

（六）蓄电池失效

蓄电池的主要故障现象有蓄电池低电位、应急电池失效等。

引起蓄电池低电位的原因有很多，最主要的原因是充电线路故障。充电电流过大、整流器过热以及接触器烧损都会引起充电线路故障。蓄电池组连接板接触不良和个别蓄电池因污染漏电造成蓄电池低电位，也是主要原因之一。

应急电池是用于辅助逆变器失电后紧急启动的电源。由于电池的寿命有限，往往会在紧急使用时发生电力不足而失效。因此，必须经常检查应急电池，测量其电压，保证紧急使用时有效。

八、车辆零部件损伤的原因

对于车辆零部件产生上述损伤和失效的原因，仔细分析和归纳起来，大概包括以下几方面：

（1）零部件设计过程中的错误。如设计结构不合理，选择参数不合理，选材不当或计算有错误。

许多车辆零部件在设计计算中，由于对载荷所引起的应力估计不足，结果应力超过了零件材质的屈服极限或强度极限，造成零部件的变形和断裂。

零件设计中因外形尺寸设计不合理，也能引起应力集中而易于产生疲劳裂纹。如零件外形断面突然变化较大，以及过渡圆角半径较小，对零件材质的疲劳极限会产生很大的影响。

（2）零部件制造过程中的工艺问题。如材料不符合要求、热处理工艺不当、加工表面质量不高、组焊时焊缝缺陷等。

金属材料在冶炼、浇铸和锻压等过程中产生的各种内部缺陷，对材质强度影响很大，而且这些缺陷又是引起应力集中的主要原因。由于这类缺陷一般均深藏在材料的内部，检查时不易被发现，是一种危险性很大的隐患。

① 气孔及痕迹。在铸件或辗轧件中都可能有气孔及其痕迹存在。气孔周围的金属由于吸收了气泡中的杂质，致使硫、磷的含量提高，同时还可能含有氧化物和硫化物等，使气孔附近的材质硬而脆，在运用中极易产生微裂纹而形成应力集中，成为疲劳裂纹的起点。

② 内部开裂。内部开裂是辗轧或锻压件中常见的缺陷。内部开裂破坏了材料的连续性，易于产生应力集中而成为疲劳裂纹的根源。

③ 夹灰。夹灰是冶炼质量不高而产生的零件内部缺陷。夹灰由硬而脆的物质组成，受力后易于开裂，然后在裂纹端部形成横向疲劳裂纹的起点，逐步发展使整个断面破坏。

④ 表面脱碳。金属零件在毛坯制造阶段经过多次加热，使其表层含碳量因氧化而减少，表面失碳后疲劳极限随之降低，特别是弹簧的表面层正是应力最大的位置，表面失碳对疲劳裂纹的影响更为显著。

零件在加工中的表面缺陷对其疲劳强度有直接影响。零件表面机械加工后留下的刀痕、线疵等均为引起应力集中的原因，微观裂纹也就容易从这些地方产生。

此外，零件在焊接中，也会因过烧、未焊透、材质硬化，以及指痕、夹渣、气孔等缺陷，引起应力集中而降低其疲劳强度。

（3）车辆在正常使用中产生的正常磨损、疲劳裂纹和金属腐蚀都属于自然损耗，但也有超负荷或其他各种不当运用中产生的非正常损伤。

车辆运营严重超载、用调车机车对列车调车作业时的超速碰撞、检修时机械化装卸设备对车辆的过大冲击等都属于运用不当，足以引起车辆零部件的损伤。

（4）车辆在使用过程中没有按照规定的维护保养规程进行检查、测试、调整、清洁、润滑和修复，致使非正常磨损或蚀损扩大。车辆日常维修工作质量不高，不能及时发现和消除运用中的不良技术状态，经常是一系列裂纹或折损事故的原因。

例如，对发热的轴箱未能及时处理，可能导致断轴事故；检修中，车轴上的细小缺陷未及时发现可能使裂纹扩大而断轴。

（5）列车发生运行事故，使车辆零部件发生严重变形和损伤。

（6）高温、雷击、潮湿、过流和振动等是引起电气电子元器件和零部件损伤的主要原因。

当然，引起车辆零部件损伤的原因不止上述6项。而且车辆零部件损伤的原因也不一定是单一的，往往是多种因素共同作用的结果。因此，我们必须对损伤零部件的各种条件和损伤情况作长期观测和记录，再通过全面分析和研究，最终才能得出比较准确的结论。

复习思考题

1. 车辆零部件的损伤类型和失效模式有几种？
2. 车辆零部件的磨损过程一般分为几个阶段？
3. 举例说出哪些车辆零部件的损伤类型是由磨损造成的？
4. 机械零件的磨损分为哪几种类型？
5. 什么是零件的变形？它分为哪两大类？
6. 零件的断裂可分为几种形式？每种形式有何特点？
7. 什么是车辆零部件的蚀损？它分为哪两大类型？
8. 车辆零部件损伤和失效的原因大概包括哪几个方面？

第四节　车辆零件修复工艺

城市轨道交通车辆修理过程中，有相当数量的零件被更换下来，如果全部报废，必然造成很大浪费。对于可修复的零件，如果修复费用低于零件的造价，则一定要设法修复。城市轨道交通车辆零件修复工艺主要有：机械加工法、电镀法、刷镀法、焊修法和黏结法5种。

一、机械加工法

机械加工指金属切削加工和非金属（如工程塑料、绝缘材料等）切削加工。也就是在机床上使用刀具对工件表面切除一层或数层材料，使工件形成所要求的几何形体。机床有车床、铣床、磨床、刨床、钻床、镗床等，其中使用最多的是车床。

工件在切削过程中形成3个表面：

（1）待加工面——工件上即将被切去切屑的表面。

（2）已加工面——工件上已切去规定厚度材料后的表面。

（3）切削表面——工件上正被刀具切削的表面。

待加工面与已加工面之间的垂直距离,称为切削深度。切削深度是根据机床动力大小、工件的尺寸要求和粗糙度要求而综合选取的。

用机械加工修复零件时,零件工艺基准面的技术状况、修复时的加工条件与制造时是否一致,均在很大程度上影响修复质量。因此,必须根据原设计要求进行修复。

机械加工法主要用于城市轨道交通车辆的配合副零件的修复。以轴和孔的配合为例来简述轴颈修理尺寸,如图 1-8 所示。轴颈磨损前的名义尺寸为 d_H,磨损后尺寸为 d_1。磨损后可能发生偏磨,即 $\delta_1' < \delta_1''$;甚至发生单面磨损,即 $\delta_1' = 0$,$\delta_1'' > 0$;也可能发生均匀磨损,即 $\delta_1' = \delta_1''$。

若磨损后,$\delta_1' < \delta_1''$,在考虑车床系统刚度和工件安装误差后,确定加工余量为 x,则在不改变轴颈原几何中心情况下,有

$$d_{p1} = d_H - 2(\delta_1'' + x)$$

机械加工法还用于对牵引电动机换向器表面的修复,定位面是转子轴两端面的顶针孔,在普通车床上进行定位,夹装后车削,切削速度选为 120~130 m/min,每次切削深度不超过 0.2 mm,采用金刚石刀具精车并滚压。

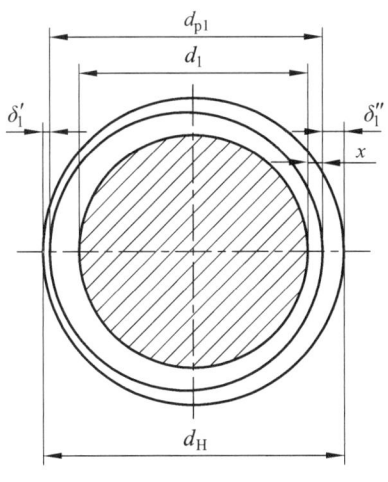

图 1-8 轴颈修理尺寸

d_H—轴颈名义尺寸;d_1—磨损后的轴颈直径;δ_1'—偏心磨损最小量;
δ_1''—偏心磨损最大量;d_{p1}—轴颈修复后直径;x—加工余量

机械加工法的优点是能使结构复杂、价值较高和尺寸较大的零件大大延长了使用寿命;能保证较高的修理质量;能降低检修成本、提高劳动生产率。其缺点是削弱了零件的强度,受到零件结构和强度的限制,并使互换性复杂化。

二、电镀法

电镀是在电解液中依靠电解作用使金属离子沉积到零件表层上,从而形成一层金属结

晶层。

电镀的目的：恢复磨损处的零件材料并提高耐磨性，如镀铁、镀铬；提高零件的抗腐蚀性，如镀锌、镀镍、镀铬；装饰零件，如镀铬、镀镍、镀银；改善零件局部导电性，如镀银、镀铜。

在城市轨道交通车辆修理中，主要采用镀铬、镀铁和镀铜等修复方法。

（一）镀　铬

镀铬原理比较特殊，以铅板作阳极，被镀零件作阴极，主要以铬酐（CrO_3）和硫酸溶液（H_2SO_4）作为电解液。在直流电源作用下，铅板周围主要聚集负离子 OH^-、SO_4^{2-} 等；阴极周围主要聚集正离子 Cr^{3+}、Cr^{6+}、H^+等。在阳极有少数 Cr^{3+}失去电子后缓慢地变成 Cr^{6+}，还有少量氧气产生溢出电解液；在阴极有少量氢气产生溢出电解液；较多 Cr^{6+}获得电子迅速变成 Cr^{3+}，随即又变成铬原子而沉积在零件表面上成为镀层。在电镀过程中电解液有损耗，所以要不断补充新电解液。

由于镀铬工艺的微小差别，可以得到数种不同性质的镀铬层。

1. 光滑镀铬

电源极性按上述原理中正常接线法电镀，可以获得光滑镀层。由于电流密度和电解液温度的差异，可获得3种光滑镀层：乳铬层、亮铬层、灰铬层。

（1）乳铬层。在小电流密度和电解液温度较高的情况下，可获得乳白色铬层。乳铬层具有良好的韧性和较好的耐磨性，主要适用于对磨损后的电机轴轴颈等进行修复。

（2）亮铬层。在中等电流密度（$200 A/m^2$）和电解液中等温度（$50\ ℃$）条件下，可获得亮铬层。亮铬层具有一定的韧性和高硬度的特点，因而耐磨性更好，主要适用于对松动的滚动轴承内、外圈等进行修复。也适用于其他装饰性镀层。

（3）灰铬层。在大电流密度和电解液温度较低的条件下，可获得灰暗色铬层。灰铬层脆性大且特别硬，因而没有什么使用价值，仅用于刀具、量具的镀铬。

2. 多孔性镀铬

为了获得多孔性铬层，首先应获得上述的乳铬层或者亮铬层，然后将电镀电源反接后进行一段时间的"反镀"。所谓"反镀"，实际上是将已镀上零件的镀层反接电源后再腐蚀掉一小部分，从而在镀层上生成无数个肉眼看不见的微孔。这种微孔能够吸贮润滑油，因而能改善摩擦件的润滑性能。

（二）镀　铁

镀铁时使用的电解液中主要含有氯化亚铁盐（$FeCl_2$），以铁板作为阳极，以被镀零件作为阴极。通电后，阳极上铁原子失去电子而成铁离子 Fe^{2+}溶解到电解液中，而阴极上 Fe^{2+}得到电子而成铁原子沉积到零件的表面上成镀层。

与镀铬比较，镀铁有以下特点：电镀中耗电少、沉积速度快，因而成本低；镀层与零件表面之间结合强度高,镀层厚度可达 2 mm,而镀铬层只有 0.3~0.4 mm;镀层硬度达 HRC 50~60,因而在不作表面硬化处理情况下,已具有较好耐磨性;对电镀规范要求不严,例如电解液浓度和酸度在较大范围内,仍能获得理想镀层;电镀中不产生有毒气体。

镀铬只适用于修复磨损较小的零件。修复磨损较大的零件时,往往先镀铁而获得较厚且经济的镀层,然后在镀铁层上再镀铬,既增加镀层连接的牢固性,又进一步提高了零件表面的耐磨性。

三、刷镀法

(一) 基本原理

刷镀又称无槽电镀或接触电镀。电镀时,镀笔为阳极,被镀的零件为阴极,如图 1-9 所示。

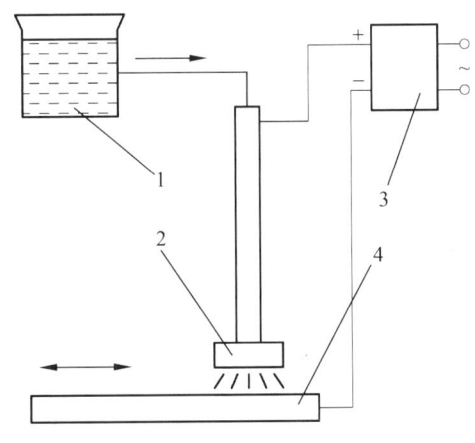

图 1-9 刷镀的原理

1—电解液;2—阳极;3—整流器;4—阴极(工件)

镀笔的头部装有石墨阳极,阳极外面包有吸水纤维(玻璃布、尼龙布或海绵等),其厚度为 2~3 mm,以便蘸吸或滴入电解液。接通电源后,电解液中的金属离子不断地经过纤维材料,将镀笔 2 接触被镀零件 4 的表面并往复移动,阳极的金属离子在阴极上获得电子形成金属原子而沉积在零件表面上形成镀层。随着刷镀时间的增加,镀层厚度也逐渐加厚。镀层的均匀性可由电流密度、刷镀时间和镀笔移动速度来控制。

(二) 应用概况

刷镀的镀层厚度一般为 0.01~1.0 mm,刷镀沟槽和擦伤或划伤面时,镀层厚度可达 3 mm。它适用于对不易放入镀槽中的大零件小面积镀覆,适用于对盲孔、深孔及尖角处进行镀覆;适用于对已装配好的零件进行局部镀覆,或对镀层破坏后的修复等。不适于对镀覆面积大,镀层厚,待镀表面粗糙的零件进行修复。

在城市轨道交通车辆修理中,刷镀用来修复零件的磨损表面,恢复原有尺寸和原几何形状，填补零件表面的划伤、点蚀缺陷，制备或修复零件的防护层（如镀锌层、镀镉层）。

刷镀具有以下特点：设备简单、操作灵活，作业不受空间位置限制；生产效率高，施镀薄层的工效更佳；工件受热少，温度低于 70 ℃，不会发生金相组织变化和零件变形；镀层结合强度高，对基材适应性强，各种材料均可施镀；可精确控制镀层厚度，多数情况下在镀前、镀后均不必进行机械加工；耗能少，环境污染轻；设备简单，占用空间小，节约投资。

（三）刷镀工艺装备

1. 设备

（1）手提式整流器，将单相交流电整流成 5~25 V 直流电。
（2）过流继电器，用于防止短路烧伤零件。
（3）安培小时计，用于控制镀层厚度。
（4）无级变压器，用来调节电压、控制电流密度。

2. 镀笔

镀笔结构有多种，但均应满足下列要求：具有足够的截面面积，保证较高电流通过时不发热；具有一定的化学纯度，不会污染镀液；能抵抗电解液在高温时的侵蚀，不致分解；应适合于工件的形状，并便于机械加工或压模制造。

镀笔头部阳极的外包吸水纤维材料可用脱脂棉花、玻璃布、尼龙布、海绵等。棉花因表面有毛，易引起镀层不光滑；玻璃布耐酸、耐碱、耐温、表面光滑，但耐腐蚀性较差；尼龙布耐磨性好，耐酸性较差、不耐高温。海绵耐酸、耐碱、耐温且耐磨，是一种理想的吸水性纤维材料。

3. 刷镀液

刷镀液的品种有近百种，按其作用不同可分为 4 大类：预处理溶液、金属刷镀溶液（包括金属镀液和合金镀液）、退镀溶液和钝化溶液。

（1）预处理溶液。

为提高镀层与基体金属的结合强度，被镀金属表面在镀前应进行严格的表面处理，以清除油污、杂质和氧化膜。预处理溶液有电净液和活化液两类，如表1-3所示。

电净液呈碱性，在 –10 ℃ 时不结冰，经 –20 ℃ 冰冻试验，回升至室温后原性能不变。具有较强的去油污能力，也具有轻度去铁锈能力。

活化液均呈酸性，它们具有较强的去除金属表面氧化膜的作用，使金属表面露出纯金属金相组织，形成一层活化层。活化层与镀层的结合强度可达到理想的程度，故待镀金属表面经电净液处理后，还应由合适的活化液处理。

（2）金属镀液。

金属镀液品种多（见表1-4），一般可分为碱性和酸性两大类。后者比前者的沉积速度快 1.5~3 倍，但酸性镀液不能镀于如铸铁等的疏松基体材料上，也不能镀于如锌、锡等易受酸侵蚀的基体材料上。

表 1-3　常用预处理溶液

名　称	颜　色	pH	用　途
电净液	无色透明	13 左右	适用于大多数基本金属的净化处理
活化液 1 号	无色透明	0.4 左右	适用于不锈钢、高碳钢和高合金钢的表面活化
活化液 2 号	无色透明	0.3 左右	适用于铝和铝合金表面活化，也可用于去除金属毛刺剥蚀镀层
活化液 3 号	无色透明	1 左右	用于去除 1、2 号活化液活化后的高碳钢和铸铁表面残留石墨
活化液 4 号	无色透明	0.2 左右	用于其他活化液活化后仍难达到要求的情况，也用于去除金属毛刺和剥蚀金属层
铬活化液	无色透明	1 左右	用于铬或镍作基体材料的镀铬表面活化

表 1-4　常用金属镀液

名　称	颜　色	pH	密度	性能及用途
特殊镍	深绿透明	1 左右	1.23	镀层与基体金属有良好结合力，广泛用作起镀层
快速镍	蓝色透明	7.5 左右	1.15	具有较好耐磨性及一定硬度，用作恢复尺寸镀层和工作镀层
高速酸铜-1	蓝色透明	1.5 左右	1.28	沉积速度较高，导电性良好，镀层光滑致密，用作恢复尺寸镀层
酸性钴	深红透明	1.5 左右	1.20	主要用途与镍相似，比镍硬，但应力低，色泽更白
中性铬	蓝紫色	7.5 左右	1.13	沉积速度慢，镀层薄，常用作修补磨具和量具
镍-钨合金	深绿透明	2~3	1.30	有一定硬度和耐磨性，宜作工作镀层
镍-钨 D 合金	深绿透明	1.5	1.30	耐磨性极好，残余应力小，宜作工作镀层
钴-镍合金	浅烟色透明	4 左右	—	结晶较细密，耐磨性较小，宜作工作镀层

除镍外，所有碱性和中性镀液都有如下优点：镀层晶粒细密；在边角、狭缝等处均镀能力较好；腐蚀小，不会破坏旧镀层，适用于各种基体金属；镀层上液体干燥后，不会留下腐蚀性痕迹。

（3）退镀溶液。

对于不合格的镀层，可用退镀溶液来剥蚀镀层，以便重新刷镀。退镀液可用来剥蚀清除铬、钴、锌、铜、镍和铁等镀层。各种退镀溶液列于表 1-5 中。

表 1-5　常用退镀溶液

名　称	颜　色	pH	腐蚀性
退镍液	无色透明	0.3 左右	不腐蚀基体金属，对铜、铁有轻微腐蚀
退铜液	深红棕色	<0	不腐蚀镍、铬、钢，只对铜有腐蚀性
退锌液	无色透明	5 左右	不腐蚀镍、铬、钢，对各有色金属有腐蚀性

注：① 所有退镀液都对锌、铬、钨和铝有腐蚀；② 用退铜液退镀时，不需要通电。

（4）钝化溶液。

对镀层进行钝化处理时用的化学溶液，称为钝化溶液。所谓钝化处理，是对镀层进行化学或电化学处理，使镀层表面再生成一层致密的薄膜，以提高镀层的抗腐蚀能力。常用钝化溶液有铬酸盐、硫酸盐和磷酸盐等。例如，将铬酸溶液稀释一倍，倒在镀镉层表面后漂洗，这样在镉层表面生成一层致密的铬酸盐膜。

（四）刷镀工艺简介

1. 镀前准备

清洗待镀表面，去除油污、积垢、锈痕及毛刺；测量待镀零件有关尺寸以确定镀层厚度，不镀表面用绝缘胶条遮盖。

2. 电　净

电净又称为电解除油。将镀笔和工件分别接电源正、负极，以镀笔浸蘸电净液擦拭工件待镀面。擦拭速度为 9~18 m/min。擦拭表面产生大量氢气，加速电净液对油脂的乳化、皂化作用，彻底擦除油膜，电净完毕后用清水冲洗干净。此时表面对水湿润性好，无干斑或挂水珠现象，否则重新电净。

3. 活　化

活化是借助活化液对已电净的表面进行电化学腐蚀以去除金属表面的氧化膜。这是一道关键工序，它与镀层的结合强度密切相关。活化时要根据不同材料选择合适的活化液，然后将工件和镀笔分别接好电源的正、负极，再以镀笔蘸取活化液到已电净表面进行涂擦。在银灰色金属表面未露出以前，可能要用几种活化液进行活化，活化合格后用清水洗干净。

4. 镀起镀层

用特殊镍作起镀层镀液时，可提高镀层与基体金属的结合强度，有利于承受重载荷；活化后不必用水清洗即可用特殊镍镀起镀层。在个别情况下不用特殊镍作起镀液，但在活化后一般应用水冲洗干净后再用其他镀液打底。镀起镀层时采用正向电流，即镀笔和工件分别与电源的正、负极相接。另外，在一些情况下这一工序也可不进行，而直接进行下一工序。

5. 镀工作层

根据待镀零件的使用要求和工况要求选择合适的镀液，将镀笔和工件分别与电源的正、

负极相接，即可施镀。镀层厚度可按下式估算

$$\delta = Q/(C \cdot S)$$

式中　δ——镀层厚度（μm）；
　　　Q——电量（A·h）；
　　　C——耗电系数[A·h/(dm^2·μm)]
　　　S——刷镀面积（dm^2）。

用干净的量具测定镀层厚度满足要求后，用自来水冲洗并擦干，或用压缩空气吹干，最后涂上防锈油。

四、焊修法

金属焊接技术用于修理工作时，称为焊修。常用焊修法有钎焊和熔焊两大类。

（一）钎　焊

钎焊是利用熔点比基体金属低的焊料和基体金属一起加热，焊料熔化后，渗入并填满连接处间隙而形成焊缝。焊接时基体金属未经熔化，但焊缝中的焊料与基体金属相互扩散、冷凝，扩散作用越大，焊缝越牢固。

钎焊时要使用焊料和焊剂。焊料也称钎料，它是钎焊时用来填满金属连接处的间隙，并借以造成连接作用的合金。焊剂又称熔剂或焊药，它是一种非金属团体或液体物质，其作用是保护连接处的金属免受氧、氮、氢的倾入，增加焊料流动性，并改善焊缝金属的化学成分和机械性能。

根据钎焊焊料熔点高低，将钎焊分为软钎焊和硬钎焊两种。

1. 软钎焊

使用熔点低于325 ℃的焊料进行钎焊，称为软钎焊。锡钎焊属于软钎焊，它广泛应用于机车电子元器件引线、印刷电路板等的焊接。锡焊的加热工具是电烙铁。

锡焊常用的焊剂有松香酒精焊剂、马来松香焊剂、氢化松香焊剂、202B 焊剂和3S 焊剂等。松香酒精焊剂是由 30%松香和 70%酒精配制而成。马来松香是普通松香和马来酸酐发生化学反应而生成的，其熔点在120 ℃以上，无腐蚀性。氢化松香是普通松香在一定温度和压力作用下，发生氢化而生成的，它具有抗氧化性好、脆性小、热稳定性高和色泽浅等特点。202B 是由溴化肼-醇水溶液（70%醇溶液）与松香-醇溶液（含松香20%）混合，比例为4∶1，再添加少量甘油配制而成。3S 焊剂的配方为溴化水杨酸 6%，松香 12%，改型酚醛树脂22%，酒精60%，它是印刷电路板的浸焊和波峰焊的理想焊剂。

锡焊时使用的焊料有锡焊丝、锡焊棒和锡焊锭等，锡焊丝较为常用，它的规格按焊丝直径（mm）分为 0.5、0.8、1.0、1.2、1.5、2.0 等多种。锡铅焊有 5 种牌号，可按表1-6 选用。

表 1-6　锡铅焊料性能及用途

牌号	熔点/℃	抗拉强度/MPa	特性与用途
HISnPb10	220	42.14	抗蚀性好，用于焊接钢材、铜材
HISnPb39	183	46.06	用于焊接电子元件器材
HISnPb58-2	235	37、24	流动性很好，用于焊接电子元器件导线、薄钢板、镀锌板
HISnPb68-2	256	32、34	流动性很好，用于焊接电缆、铝骨护套等
HISnPb90-6	265	57、82	用于焊接黄铜等不受冲击载荷的零件

2. 硬钎焊

使用熔点高于 500 ℃的焊料进行的钎焊，称为硬钎焊。属于硬钎焊的有：用铜合金作焊料的铜焊，用银铜等合金作焊料的银焊等。硬焊料主要有黄铜和银合金两种，焊剂的主要成分是硼砂。热源通常采用氧-乙炔火焰。硬焊料的抗拉强度比软焊料要高，抗拉强度最高可达 500 MPa，主变压器和牵引电动机各绕组烧断处的修复，就采用银焊法。

（二）熔　焊

熔焊是将两个待连接的金属零件局部加热至熔点，利用分子内聚力使两个金属零件连接成一个整体。熔焊技术比钎焊复杂得多，钢的含碳量和合金量越低，其可焊性越好，铸铁和有色金属的可焊性较差。现将常用材料焊修的特点简介如下。

1. 钢制零件焊修的特点

焊接钢制零件时，既可用气焊，也可用弧焊，其中气焊时加热引起的局部变形和应力较大。

对中碳钢、高碳钢和合金钢制成的零件，进行焊修是比较困难的。因为这些钢制零件一般在机械加工前或加工过程中都已进行了调质或淬火等热处理，在焊修过程中必然易破坏原有的热处理性能；尤其是含碳量和合金元素加大钢材的淬火倾向即临界冷却速度降低，在室温下冷却都会发生无扩散的马氏体转变，从而产生很大的残余应力和冷裂缝，降低焊缝强度。

焊修这类零件应采用如下工艺措施：选择合适的电焊条，在一定焊接条件下，尽量选用"高合金耐磨 1 号"或"低合金耐磨 2 号"焊条；彻底清除焊修表面油污等杂物、磨去疲劳层和渗碳层；对硬度大于 HRC60 的淬火件，还应局部预热至 800～900 ℃，使局部产生脱碳现象，以利于焊接；对工件作整体预热后再焊修，以减缓焊缝冷却速度；使用直流焊机，采用小电流、快速直线移动焊条和短电弧焊接法，电弧持续时间不宜长，电弧熄灭后迅速锤击焊缝，以消除部分应力；焊完后立即进行低温回火处理等。

对于低碳钢制件的焊修就比较容易了，在室温下进行焊修即可达到理想的性能，不必采用附加措施。

2. 铸铁零件焊修的特点

铸铁材料的可焊性也较差,焊修时,焊缝易出现白口组织、气孔和裂纹。

铸铁焊修分为热焊和冷焊两大类。由于热焊的劳动条件差、生产率低、生产周期长,需加热保温设备,其应用受到极大限制。至于冷焊,虽然困难多些,但比较简便、经济、劳动条件较好,是一种极有前途的先进方法,近年来有较大发展。

铸铁零件冷焊时采用专用的有色金属焊条,主要有铜铁系焊条、镍铜系焊条和镍铁系焊条。奥氏体铁铜焊条比铜铁系焊条的性能更佳。

铸铁焊条的焊剂为薄层白垩焊剂或其他有稳弧作用的焊剂。在焊修前,要清洗待修表面,焊缝处开坡口,裂纹端钻止裂孔,干燥焊条,有些零件还应预热。

焊接时采用直流焊机,应用分段、短段、分层、交叉、分散、断续、逆向操作方法,以防止焊接时局部过热和热应力引起裂纹。

3. 有色金属零件焊修的特点

(1)铝制零件焊修。

铝及铝合金有熔点低、易氧化、导热性强、膨胀系数大等特点。因此,焊修时应注意掌握温度、正确选用焊剂和焊前清洗操作。焊修时采用气焊或碳极电弧焊,焊条成分与基体金属一致。气焊时选用专门的铝焊药作焊剂;电弧焊时在焊条上涂以专门焊剂。

(2)铜制零件焊修。

铜与铜合金也有导热性好、易氧化、熔点低、膨胀系数大等特点,故铜与铜合金材料的焊修也比较困难。在焊修时,除采用硬钎焊方法外,还可采用熔焊法。牵引电动机换向器的升高片焊接不良时,最好采用氩弧焊。氩弧焊采用损耗极小的钨电极并用惰性气体氩或氦进行保护。焊接时利用高度集中的能量,在数秒内将导线与升高片的铜熔化在一起,熔焊深度为 2~3 mm。惰性气体能防止铜焊点氧化,并使电弧稳定。为防止焊修时换向器片间的云母绝缘强度受损,宜采用点焊法,以降低焊接温度。

在不具备氩弧焊设备的情况下,对升高片的焊修还可采用交流弧焊法进行。顺便指出,在 20 世纪 70 年代以前我国曾广泛采用锡焊法来修理升高片,由于锡焊焊缝机械强度不足,使电机运用可靠性大大下降。所以,现在无论是制造工厂还是修理单位均已不采用锡焊法了。

五、黏结法

黏结是借助黏合剂把零件或部件黏在一起的一种永久性连接。利用黏结法修复车辆零件具有许多优点:被黏结件可以是金属材料,也可以是非金属材料;可以连接很薄的零件,也可以连接两者厚度相差很大的零件;黏结件之间具有较高的连接强度和平整度;接头中胶层分布均匀,应力集中现象比铆接、焊接等轻得多;黏结头光滑,具有密封、绝缘、耐油和耐腐蚀等性能,可满足不同要求,根据需要还能获得特殊性能(如导电特性等)的黏结接头;

修复工艺简便、成本低廉。

黏结法也有缺点：如黏合剂易老化，耐热性差（接头温度不宜超过 300 ℃）；无机黏合剂虽然耐热性能好，但性脆，黏结层抗剥离和抗冲击能力差等。

随着黏合剂研制和生产的发展，黏结作为一种新型工艺，在城市轨道交通车辆修理中已得到了广泛的应用。

（一）黏合剂

1. 分类

（1）黏合剂按化学成分可分为有机型和无机型两类。

（2）根据使用目的可分为：

① 结构黏合剂。黏结后能承受较大载荷，在高、低温及化学药品的作用下，不改变原性能，也不发生变形。

② 非结构黏合剂。在正常情况下具有一定的黏结强度，但在高温和较大载荷作用下则性能显著下降，且易发生变形。

③ 特殊黏合剂。用于导电、超低温、密封等。

（3）按性质可分为：

① 热固性黏合剂。环氧树脂、酚醛树脂、呋喃树脂、聚氨酯树脂等均属于这类黏合剂。在加热后，树脂发生聚合和固化作用。具有耐热、耐水、耐腐蚀、黏结强度高等优点；缺点是耐冲击性和韧性较差。

② 热塑性黏合剂。聚醋酸乙烯酯、聚苯乙烯、聚乙烯醇缩醛等均属这类黏合剂。其特性是，加热后软化、黏结，冷却后具有一定强度，再加热又软化；也可将黏合剂配成溶液使用，黏结时可不加热。这类黏合剂具有耐冲击、使用方便、可反复使用等优点；缺点是耐热性受限制，可溶性差。

③ 合成橡胶黏合剂。丁苯胶、丁腈胶、氯丁胶、聚丁二烯胶、硅橡胶和 XY-401 胶等均属于这类黏合剂。将橡胶溶解在有机溶剂中即可配制成黏合剂。其优点：起始黏性高，富有柔韧性，能黏结多种材料；缺点：耐低温性、耐热性差，不能承受较大载荷。

④ 混合型黏合剂。这类黏合剂是将上述黏合剂相互掺混，以达到取长补短、提高使用性能的目的。如酚醛-聚酰酸、环氧-丁腈等。

⑤ 其他黏合剂。硅酸盐黏合剂属于无机黏合剂；骨胶、牛皮胶属于天然黏合剂；导电胶、导磁胶、光敏胶属于特殊黏合剂。

2. 合成黏合剂的成分

合成黏合剂都是由黏料、固化剂、增韧剂、填料和稀释剂组成。其中前两种成分是必要的，其余成分的取舍随用途而定。

（1）黏料。

作为黏料的化合物有环氧树脂、酚醛树脂、丁腈橡胶多种，其中环氧树脂应用最广。在一种黏合剂中,可以只用一种黏料,也可以同时用几种黏料。

(2)固化剂。

固化剂有胺类、酸酐类、高分子树脂类,其中胺类固化剂应用最广。胺类固化剂能在室温下固化,固化速度快,黏度低,使用方便,工艺简单。不同的固化剂,其固化温度条件是不相同的。固化剂的用量需严格控制,太多、太少都会影响黏合效果,甚至不能固化(聚酰胺树脂除外)。

(3)增韧剂。

为了增加环氧树脂的韧性,提高抗弯和抗冲击强度,常在黏合剂中添加增韧剂。增韧剂分为非活性增韧剂和活性增韧剂两类。

① 非活性增韧剂。这类增韧剂不带活性基团,不参与固化反应,又称为增塑剂,如磷苯二甲酸二丁酯、磷酸三甲酚酯等。它们对环氧树脂的韧性改善较少,且易游离、变质、老化。一般用量为树脂质量的5%~20%,加入过多时会使树脂强度下降。

② 活性增韧剂。这类增韧剂带有活性基团,直接参与固化反应,能改善环氧树脂的韧性。聚酰胺树脂、聚硫橡胶、丁腈橡胶、聚酯树脂和环氧化植物油等可作这类增韧剂。

(4)填料。

填料必须不含结晶水,具有中性或弱碱性,而且与环氧胶中其他化学成分不发生反应。用量可在较大范围内变动,但要保证填料的每一颗粒都能润湿到胶液。填料的作用是减少树脂用量,降低成本,增加黏度和使用寿命,改善环氧胶的机械性能。

(5)稀释剂。

稀释剂的作用是用来降低环氧树脂的黏度,便于调配和操作,延长使用寿命,减少填料用量,降低成本。

丙酮、二甲苯等属于非活性稀释剂,它们不参与固化反应,仅达到机械混合、降低黏度的目的,一般用量为树脂质量的5%~15%。

活性稀释剂都具有环氧基,参与固化反应,对黏合剂性能没有太多影响,往往还有增韧作用,一般用量为树脂质量的5%~20%。它可顶替增韧剂,但固化剂要相应增加。

3. 常用黏合剂简介

(1)环氧树脂黏合剂。

黏料为环氧树脂,固化剂为乙二胺,再根据使用要求加入填料(铁粉)、增韧剂(苯二甲酸二甲酯)等配制而成。

环氧树脂黏合剂适用于黏结金属和非金属材料,如钢、铜、铝、玻璃、陶瓷、橡胶、木材、塑料。但对聚乙烯和有机硅树脂的黏结能力较差。

(2)甲醇黏合剂。

黏料为甲醇;固化剂为过氧化物;填料为氧化锌、铝粉。黏结钢材的接缝强度极限可达9.8 MPa,但耐热性差,温度升至60 ℃时,强度大大下降。可用于钢、硬铝、胶木、玻璃、陶瓷的相互黏结,但不宜用于铜或铜合金的黏结。

（3）有机玻璃黏合料。

将有机玻璃屑溶解在二氯乙烷有机溶剂中调制成溶液，用它黏结有机玻璃时，其接缝强度接近于有机玻璃本身的强度。

（4）快干胶。

有501、502胶，它们的黏度低、流动性好、使用方便、室温下固化快，适用于金属、非金属的黏结。但它们有毒，宜在0℃以下的低温环境中存放。接缝干燥快、脆性大、抗冲击性能差。

（5）导电胶。

导电胶以环氧树脂为黏料，加入适量固化剂（己二胺、乙醇胺 1∶1），再加一定量的还原剂（银料、金粉、石墨）配制而成。其牌号有303、701、711和J-17，其电阻率约为 $3\times10^{-4}\Omega\cdot m$。

导电胶的固化条件：在黏结处施加适当压力，加温 70~80℃下烘干 1 h，然后升温到 120℃，烘 1.5~2 h 即可固化。

（6）点焊胶。

点焊胶有425点焊胶、TF-3点焊胶、203点焊胶。点焊胶的主要成分也是环氧树脂。点焊胶适用于黏结电子元件（代替锡焊），印刷电路板的制造和修补，电子线路中的导电材料。它的连接强度高，密封性好，应力分布比铆接均匀。

（二）黏结工艺

1. 表面处理

表面处理的目的是使被黏结零件表面洁净或起毛，以利于黏合剂的浸润。处理方法如下：

（1）用丙酮、酒精、甲苯等溶液对黏缝处以毛笔或刷子擦洗，也可浸洗处理。

（2）用锉刀、钢丝刷、砂布、砂轮等对黏缝表面进行打磨处理。

（3）用喷枪对黏缝处做喷砂处理。

（4）对于钢铁零件，可以在10%硅酸钠溶液或10%盐酸溶液中，加温至 60℃浸泡 10 min 处理。

表面处理后用水冲洗并吹干待黏。

2. 黏合剂配制

市场上出售的溶液型黏合剂，分液态黏合剂和固态黏合剂，可按产品说明书和工艺配制使用。

配制时，应用干净的量杯和玻璃或陶瓷搅拌棒，将各种试剂搅拌均匀，以利各组分充分反应和填料完全浸胶。配胶的计量和混合方法与黏合剂种类有关，有的要求比例精确，有的则无严格规定。

3. 涂胶与晾置

将处理后的被黏零件，涂覆一层厚度为 0.05~0.20 mm 的均匀黏合剂，这一过程称为涂胶。将涂胶后的制件在空气中或特定环境中放置一定时间，称为晾置。

毛笔或刷子用于黏度较小的黏合剂和形状复杂的黏结件；刮板用于黏度较大的黏合剂和平面较大的黏结件；罩式涂胶法可用于对大批量黏结件进行黏结。

各种黏合剂的晾置时间不同。不含溶剂的黏合剂，晾置时间短一些，一般来说，晾置时间要求不很严格。

4. 固　化

固化就是将已涂胶的黏结件置于一定条件下（如压力、温度和时间等），使胶层充分黏附、凝固而达到一定机械强度。

固化中加压力的目的：使胶接面紧密接触，提高黏合剂对胶接表面的微孔渗透如扩散；排除胶层中气泡的气体，提高胶层均匀度和致密度；保持固化过程中两黏结件准确的相对位置不发生变化。

不同类型的黏合剂，固化温度和时间各不相同。如快干胶 502 胶在室温下，几分钟即可固化；BS-1 胶在 65 ℃温度下，经 4 h 才能固化；环氧胶（用胺类或改性胺类作固化剂）在室温下，经 24 h 后固化等。固化温度过高时，会使胶层脆裂；固化温度过低时，会使胶层固化过慢，甚至不发生固化。而且这两种情况都会大大降低黏结机械强度，达不到预期效果。

复习思考题

1. 车辆零部件的修复工艺有哪几种？
2. 什么是机械加工法？它是如何修复零件的？
3. 电镀法在修复零件中的作用是什么？
4. 刷镀的原理是怎样的？在修复零件中它用在哪些方面？
5. 常用的焊修法有几类？各适用于零件修复的哪些方面？
6. 什么是黏结法？它在零件的修复中有何优缺点？
7. 常用的黏结工艺是怎样的？

第二章　检修限度和检修修程

第一节　车辆检修限度

车辆检修限度是指车辆在检修时，对车辆零部件允许存在的损伤程度的规定。例如，对车轮这个零部件，规定：踏面损伤深度小于 0.5 mm，擦伤长度小于 40 mm，车轮直径大于 770 mm，轮缘厚度大于 26 mm，等等。检修限度是一种极为重要的车辆规章制度。检修限度制定得合理与否，不仅直接影响到车辆的质量和运行安全，而且与车辆检修的成本和经济效果相关。因此，合理地制定检修限度标准，对车辆运营具有重要的意义。

从前面探讨车辆零部件的损伤规律可以看到，确定零部件的检修限度和使用寿命的因素十分复杂。仅用理论计算的方法，往往不能充分反映实际状况，必须以理论分析计算为基础，并结合长期的实践经验，才能较好地制定出检修限度标准。下面就车辆检修限度的种类，以及制定检修限度时必须考虑的原则作一简要介绍。

一、车辆检修限度的分类

（一）原形尺寸

车辆零部件的原形尺寸及配合原始间隙是车辆设计制造时的允许公差和间隙，是根据车辆设计性能要求、材料性质、加工工艺、使用条件和经验资料确定的。

（二）运用限度

运用限度是允许车辆零部件存在的损伤的极限程度，是零部件能否继续运用的依据。车辆在日常运用中，当零部件的损伤程度达到运用限度时，即表示损伤已达到了极限的损伤状态，则该零部件就不能继续使用，必须进行修理或更换，才能保证列车的安全运行。

（三）修理限度

修理限度是指城市轨道车辆进行定期各级计划检修时应控制的检修限度。各种修程对车辆修复程度的要求不同，因而检修限度也不同。一般分为架修限度和大修限度两种。架修限度和大修限度是车辆进行架修和大修时，零部件允许存在的损伤程度的规定，也是检验损伤修复后是否合格的依据。如架修限度尺寸，它的确定原则是零件和配合的磨合程度。在这个架修限度内，其磨损表面应有足够的磨损余量，保证到下一个架修或大修前不失效。而大修限度的确定原则是车辆零部件的尺寸必须恢复到原设计所规定的原形尺寸和配合尺寸。

车辆检修有多种检修限度，但并不是所有零部件都具有上述全部检修限度的规定。某些零部件只有架修和大修限度，因此在运用限度中，对其损伤程度不作具体规定；类似地，有的零部件只有运用限度的规定，说明该零部件的这种损伤一旦出现，必须通过架修或更换以恢复其原形尺寸。

二、确定车辆检修限度的原则

（一）确定运用限度

确定运用限度（最大检修限度）时，原则上应从衡量该零件在什么条件下不能正常工作为出发点，来确保行车安全。然而，零件损伤到什么程度就会失效是一个比较复杂的问题，不能通过理论计算来确定。为了确定运用限度，首先要分析该零部件的工作条件，调查统计常见的损伤情况，并结合长期的实践经验，以及经济上的合理性与技术上的先进性等原则，综合分析比较后方能确定。

确定运用限度主要考虑的问题如下：

1. 零件本身的正常工作条件

损伤程度是否破坏了正常工作条件或者损伤程度是否使已有的损伤迅速发展而达到危险的程度。例如，轴颈磨损后的最小直径、整体车轮轮辋的最小厚度、底架各梁腐蚀的最大深度和最大面积、轴类和杆件裂纹的最大深度和最大长度等最大检修限度，都是以正常工作条件为基础而确定的。

2. 零部件之间配合的正常工作条件

许多零件损伤的最大限度，除考虑零件本身的正常工作条件外，还要从损伤对零件在部件中与其他零件的配合工作条件的影响程度来确定。例如，车轮踏面的最大磨损限度就是由轮轨间的正常配合工作条件来确定的。又如销与孔的配合，车辆上有大量的销类与孔类的零件，其最大磨损限度，不能只考虑零件本身的强度条件，主要应从销与孔配合的间隙大小来考虑。

3. 车辆运用的安全性和平稳性

许多运用限度的确定，不仅要考虑零件本身或配合工作条件，还要以车辆运行的安全性和平稳性为出发点来确定。

4. 车辆运营的经济效益

运用限度的确定，还要考虑经济、技术上的合理性。

（二）确定修理限度

确定修理限度的基本原则是，修理限度必须符合修程规定的技术质量要求。它是决定零部件在某个修程中是否修理,以及修后质量及装配要求是否合格的检验标准。

确定修理限度主要考虑的问题如下:

(1)保证零部件安全运行到下次架修或大修。

(2)各级修程之间的相互配合。

(3)在保证质量的前提下,尽量节约人力、物力和财力。

复习思考题

1. 什么是车辆零部件的原形尺寸?
2. 什么是车辆零部件的运用限度?
3. 什么是车辆零部件的修理尺寸?
4. 确定车辆零部件运用限度应考虑哪些问题?

第二节 检修修程

一、城市轨道交通车辆的修程

城市轨道交通车辆检修制度是车辆安全、可靠运行的基本而重要的保证,也是确定城市轨道交通车辆的检修体制以保证车辆检修工作顺利进行的基础。城市轨道交通车辆检修制度对车辆修程的类型和等级、实施修程的车辆运行里程或时间、完成修程的车辆停运时间作出具体规定。

城市轨道交通车辆采用定期预防性维修,修程及其检修周期的依据是车辆及其设备、零部件的产生磨损和发生故障的规律。产生磨损和发生故障的规律又和车辆的技术水平、运行条件、检修技术密切相关。

车辆设计和生产的模块化、集成化程度逐步提高,车辆的设备、部件和零件具有良好的互换性,这就使车辆在运行可靠性得到提高的同时也大大减少了车辆的检修量,并为采用部件互换性方式提供了有利条件,可以大大缩短车辆检修的停运时间。与此同时,车辆部件朝着少维修、免维修方向发展,也延长了它们的维修周期。

车辆采用计算机控制和故障诊断技术以及对车辆一些部件进行在线自动测试技术的应用,又使对车辆一些部件的检修逐步朝着状态修的目标发展。

各运营单位都对车辆零件的磨损、车辆设备和部件的故障进行记录、统计、分析,在总结车辆运行、检修实践经验的基础上,对车辆的修程及其检修周期、检修停运时间不断地进行优化。对检修制度进行改革,确定新的修程并逐步向均衡计划检修方式进行过渡。

修程是指检修结构的程度,它分为日常维修、定修、架修、大修。

香港地铁车辆修程的变化如表2-1所示。

表 2-1 香港地铁车辆修程

维修级别	原修程	现修程	工作分工
1	日检 周检 月检 半年检	15 d 45 d 半年检 一年检 二年检	停车场
2	一年检 二年检 三年检 小修（6年） 大修（12年）	三年检 小修（6年） 大修（12年）	大修厂
3	部件修	部件修	大修厂或社会专业工厂

上海地铁车辆修程的变化如表 2-2 所示，上海地铁一号线、二号线车辆分别自 1993 年、1998 年开始运行，上海地铁对一号线车辆已进行了所有修程的检修，对二号线车辆也进行了架修以下的所有修程的检修。上海地铁及时记录车辆运行的技术状况，定时统计、分析车辆发生故障的频率和原因，不断总结车辆检修的经验、教训，在充分掌握车辆零部件的最小检修周期和使用期限的基础上，对车辆检修的设备、设施和车辆检修的组织和管理方式不断进行完善和革新，对于定修以下修程的内容做过多次调整。在此基础上又对车辆检修的修程进行了改革。第一次是用月检（A）、月检（B）代替原有的双周检、双月检；第二次是将定修以下修程的车辆检修内容进行综合调整，用月检 1~12 月检代替原有的定修、月检（A）、月检（B）的车辆检修修程，并安排在车辆运行的间隙时间进行车辆的检修工作，车辆检修停运时间大大减少，大大提高了出车率。

表 2-2 上海地铁车辆修程

维修级别	原修程	调整修程	现修程	工作分工
1	日检 双周检 双月检 定修（一年检）	日检 月检（A） 月检（B） 定修（一年检）	日检 月检1~月检12	停车场
2	架修（5年） 大修（10年）	架修（5年） 大修（10年）	架修（5年） 大修（10年）	车辆段
3	部件修			车辆段或社会专业工厂

二、城市轨道交通车辆的检修规程

在城市轨道交通车辆的修程确定以后，就要根据车辆主要零部件的检修等级、检修范围和检修周期，同时考虑一般零部件的检修，制定每个修程的检修规程。

检修规程中规定了零部件的检修范围并确定了相应的技术要求。技术要求包括磨耗件的使用限度、零件间的几何间隙允差、电气设备的整定值、重要紧固件的紧固扭矩等。为使经过检修达到技术要求，检修规程还对检修所必须使用的工器具和检修的方法作出了具体规定。表 2-3 是车辆月检规程对"受电弓"检修的内容规定（其中修制栏中"B"是指仅在月检 B 修程中的检修项目），显示了城市轨道交通车辆的检修规程的常用格式。

表 2-3 车辆月检规程（受电弓部分）

项目	内容	方法	工器具材料	技术要求	修制
受电弓	（1）检查构架，电缆及连接螺栓； （2）清洁并检查绝缘瓷瓶； （3）测量受电弓与接触网的接触压力； （4）检查滑块磨耗及与底架固定状态； （5）检查弹簧盒； （6）检查受电弓销及轴承并加润滑脂	目测检查 清洁检查 测量检查 测量检查 操作检查 操作检查	白布、酒精 管形测力计 (0~15 kg) 直尺 润滑油脂枪 润滑脂 白布	（1）构架无裂纹和变形，电缆无损伤，连接螺栓无松动； （2）瓷瓶表面无破损、无裂纹； （3）接触压力为(120±20) N； （4）无异常，滑块厚度≥3 mm，裂纹不应裂至最小工作厚度 3 mm 以下； （5）应有平缓的弹性； （6）注油至两侧排出新润滑脂为止。擦去溢出的润滑脂	B B

三、国外车辆检修修程情况介绍

1. 日本地铁车辆维修制度

日本地铁车辆维修任务一般在车辆段进行，车辆段分为检修段和修理厂，两者独立管理。其检修制度和分工如表 2-4 所示。

表 2-4　日本地铁车辆维修制度

维修等级	检修周期		修停时间	分工
	东京营团	东瀛、名古屋		
日检查	≤6 d	≤3 d	0.25 d	检修段
月检查	≤3 个月	≤3 个月	1.0 d	
重要部位检查	60 万 km（或≤4 年）	40 万 km（或≤3 年）	12~15 d	修理厂
全面检查	≤8 年	≤6 年	18~25 d	

车辆检修的主要方式为部件互换修。

重要部位检查是对车辆的重要部位进行分解后作详细检查，并根据需要对其进行更换或修理。全面检查是对车辆所有部位进行分解后作详细检查，并根据需要对其进行更换或修理。

对于车体修理及车辆设备的更新改造则统一集中在所属的车辆修理工厂进行。

2. 莫斯科地铁车辆维修机构及其分工

俄罗斯的莫斯科地铁车辆维修采用大修与段修分修制，车辆大修厂集中承担地铁全系统车辆的大修任务。车辆段承担本线车辆的定期修理（架修和定修）、日常维修（月修）、技术检查、列检、清扫和列车停放任务。莫斯科地铁现已建成 13 个车辆段，2 个车辆大修厂。

莫斯科地铁车辆段的设置根据线路长短而定，一般每条线设 1 个车辆段，当线路长度超过 30 km 时，一般设 2 个车辆段。

3. 汉堡地铁车辆维修制度

德国的汉堡对地铁车辆的维修从 1990 年起逐步完善，实行日常均衡维修。用以车辆系统和部件为重点的计划性均衡维修制度逐步代替对列车进行全面维修的定期检修制度，其计划检修制度如表 2-5 所示。

表 2-5　汉堡地铁车辆检修制度

检修名称		检修周期			工作内容		停留时间
检验（检查和保养）（针对不同车型）	F1	21 d			表观检查：闸瓦、集电靴、转向架、客室和司机室（重点为照明、座位、内壁、车顶）； 功能测试：紧急停车设备、应急装置； 其他：沙子、刮水器清洁液、内外部清洁		1.3 h
	F2	1	120 d	360 d	表观检查：客室和司机室设备、车钩、车厢体、逆变器箱、蓄电池、电气控制部分	表观检查：电器箱外观； 功能测试：紧急制动开关； 测量：刹车片、储能弹簧释放行程、车厢构架	7.0 h

续表

检修名称		检修周期		工作内容		停留时间
检验（检查和保养）（针对不同车型）	F2	2	360 d	功能测试：紧急停车设备、应急装置、变压器、风机、空压机、开关、广播、集电靴	测量：电池电压、主传动轴高度	7.0 h
			120 d	其他（按要求）：牵引电机风机过滤网和通风设备清洁	表观检查：逆变器箱、直流电机；功能测试：集电靴；功能测试和测量：车头车钩	
		3	360 d			
	F3	1	19 万 km	更换：门控继电器、应急装置、司机室暖气、减速箱润滑油；清洁：内部照明、门传动装置；润滑：变压器、牵引电机		2.5 d
		2	38 万 km	F3 再增加清洁和润滑：轴承、制动拉杆		3.0 d /2.5 d
		基本	15 万 km	更换：传动装置润滑油、通风装置、主接触器；清洁：司机室暖气过滤网、主接触器灭弧罩、气体弹簧调节螺栓；测量：调节螺栓、门装置；清洁：车门红外线装置、车柱、金属网罩		3.0 d
		1	30 万 km	测量：制动钳部分、轴滚动轴承；更换：恒温箱、司机室暖气		在 F3 修程内
		2	45 万 km	更换：司机室和客室内的荧光灯/IFZ 模块；清洁：灯罩		在 F3 修程内
		3	60 万 km	测量：电机座（支架）		在 F3 修程内
座位清洁	RS	15 万 km		清洁：硬座位的表面和背面		跟随其他修程
空压机保养	TL	101 万 km		更换：空压机机组中的磨耗件		
暖气检查	IH	360 d		功能测试：司机室和客室暖气		
牵引电机和逆变器检查	IK	10 万 km		测量：牵引电机和逆变器循环		
轮对检查（针对不同车型）	IP	15 万 km		测量：轮径、轮缘高度和厚度、车辆高度调整		1.0 h
		25 万 km				1.0 h
		30 万 km				2.0 h

续表

检修名称		检修周期	工作内容	停留时间
轮对保养（针对不同车型）	WP	20 万 km	镟轮	10 h
		30 万 km		14 h
		35 万 km		18 h
客室清洁	RF	90 d	清洁：窗、顶、侧墙、地板、座位、司机室（基本清洁）	
车厢清洁	RW	365 d	清洁：车厢外表面	1.0 h
设备清洁	RB	根据需要	清洁：集电靴	
BOStrab 检查（针对不同车型）	BI	8 年或 50 万 km	表观检查：制动装置、减速器、空压机；功能测试：紧急停车设备、应急装置、车门、电子设备、司机制动开关；测量：制动状态下的电阻和绝缘	4 d
		10 年无公里数限制		
轮对更换（针对不同车型）	TR	100 万 km	更换：车轴（配新的轮对）	5 d
		120 万 km		4.5 d
		140 万 km		4.5 d
转向架更换（针对不同车型）	TG	75 万 km	入库检查：罩漆、转向架拆装（含电缆和气路）；更换：根据入库检查结果出库检查	6 周
		140 万 km		在 TR 修程内进行
电池更换（针对不同车型）	TB	360 d	更换：车载电源电池	在 F2 修程内
	TV	360 d	更换：预激励电池	

日常均衡维修大部分在停车场和车辆段的一般维修车间进行，少量则在停车点进行（备有抢险车）。其他部件修程根据工作量分别在停车场和车辆段的一般维修车间和大修车间进行。

根据不同车型在列车运行 75 万～140 万 km 时，对转向架进行更换维修，同时进行对车辆的全面检查，并根据检查结果对部件进行更换或维修，对车体进行补漆或重新油漆。

在车辆段的专门车间对部件进行集中维修，有些部件委托其他公司维修。

四、国内城市轨道交通车辆检修修程

目前，我国地铁车辆的维修制度基本上沿用了传统的轨道交通车辆的检修经验，虽然随着车辆及车辆检修采用新技术，车辆检修周期不断延长，但采用的基本车辆检修制度仍然是按运行里程和时间进行预防性"计划维修"和列车发生故障的事后"故障维修"。北京地铁车辆检修制度和广州地铁车辆检修制度如表2-6、表2-7所示。

表2-6 北京地铁车辆检修制度

修 程	检修周期		停修天数/天
	运营时间	走行公里/万km	
月 修	1月	0.9~1.1	2
定 修	13~15月	13~15	16
架 修	26~30月	26~30	24
厂 修	78~90月	78~90	

表2-7 广州地铁车辆检修制度

修 程	检修周期		停 修 时 间	
	运营时间	走行公里/万km	近 期	远 期
日 检	1天			
双周检	2周	0.35~0.5	1 d	4 h
三月检	3月	2.5~3.5	3 d	2 d
半年检	6周	6.5~8.0		
一年检	1年	12.5~15.0	8 d	6 d
二年检	2年	23~28		
三年检	3年	34~40		
架 修	6年	62~75	24 d	18 d
大 修	12年	125~150	36 d	30 d

一般来讲，对车辆的检修分日常维修和定期检修。日检、双周检、月（三月）检都属于日常维修，定期维修是按日期或走行里程进行的各级修程，一般分大修、架修、定修（年修），检修周期和走行里程按先达到标准的进行。

日检于每日车辆入库后在停车线上进行。主要从外部检查车辆制动、车辆走行装置、受流器、车门传动装置、车体、车厢、照明等与行车安全与服务质量有关的部件和装置，保证次日列车的正常运行。

双周检：对主要部件作外观检查，主要检修蓄电池液面、牵引电机换向器碳刷、轮对、制动闸瓦的相关尺寸。

月（三月）检：对列车进行全面、细致检查，并且要对接近到限的易损、易耗件进行更换，对主要部件的技术状态进行检查、测试和保养。

定修：对主要零、部件技术状态进行检查，对技术状态不良的零、部件要进行更换或检修，消除所发现故障；还要对电气部分的技术整定值进行检测和调整。

架修：对车辆进行架车、解体，以对零部件进行清洗、检查、测定、修复、更换为中心内容，对重要部件如转向架、车门传动、车钩、自动、牵引电机、受流器等都要进行测试、检查、修复，然后进行整车组装。

大修：对车辆进行全面分解、全面修复，以达到新造车技术水平，恢复其全面性能。

定修、架修、大修3个修程，在检修完成后都要对车辆进行静态调试，最终还要到试车线试车、进行动态调试。

上述修程中，一般高级修程都包含低级修程的检修内容。

五、制订检修周期的基本方法

确定各种修程的检修周期是关系到车辆能否处于良好技术状态的主要因素。虽然制订检修周期时要考虑的问题很多，如各种零部件的使用期限、车辆的类型和结构、修理工厂和车辆段（检修库）的检修能力和设备情况等，但最基本的考虑因素是车辆零部件的损伤规律。根据损伤规律可以确定零部件的使用期限，同时参照车辆的经济使用寿命系数，最后确定车辆定期计划检修的循环结构。因此，应首先研究车辆零部件的损伤规律。

（一）研究车辆零部件损伤规律的基本方法

城市轨道车辆的维修关键是制订合理的车辆检修制度和正确地确定车辆零部件的检修限度，因此必须充分研究和掌握车辆零部件的损伤规律。一般在一个城市轨道交通新线开通初期，车辆的维修周期和检修内容主要依靠车辆制造商提供的维修手册、大修手册等技术资料。但是，随着车辆运用和维修经验的积累，必须对车辆各种故障进行统计和分析，对车辆零部件的损伤规律进行分析和研究。分析和研究车辆零部件的损伤规律时应采用科学的方法，即从实际出发，以实事求是的态度进行认真的调查，掌握大量的零部件损伤的资料，才能总结出损伤的规律性。

分析研究零部件损伤规律的方法有很多种，但主要有以下几种：

（1）调查统计法。这种方法应用最广，并且简单易行。

（2）典型分析法。这种方法适宜于对典型损伤情况进行个别研究，包括使用实验室分析手段等。

（3）模拟试验法。这种方法一般用于确定某一因素对损伤发展的影响，采用模拟或试验的方法找出该因素对零部件工作状态的影响。

上述方法中，调查统计法应用最广，其主要步骤如下：首先进行现场实际调查，例如当研究车辆上某一零部件的磨损规律时，应对该零部件进行多次测量，即车辆每走行若干公里后测量一次实际尺寸。对每一尺寸的测量次数，必须符合统计学的要求（不小于200次），然后才可对测得的尺寸进行必要的数学整理。数学整理主要是综合实测数据，求出其平均值与

均方根值。以调查尺寸的变化规律为例,平均值与均方根值的求法如下:

设 x_{max} 为所测得的最大尺寸;x_{min} 为所测得的最小尺寸;n 为将 x_{max} 与 x_{min} 间尺寸分布区的等分数(数目不宜过大,取单数)。

再取每一等分区的中点 x_i 为该尺寸的代表值,并根据每区中所包含的尺寸数计算每区尺寸所占的百分比值 ω_i,即

$$\omega_i = \frac{n_i}{\sum n_i} = \frac{n_i}{N}$$

其中 $N = \sum n_i$

式中 n_i——第 i 区尺寸的数目;

N——测量的总次数。

这时所测尺寸的算术平均值 X 和均方根值 σ 可按下式计算

$$X = \frac{n_1 x_1 + n_2 x_2 + \cdots + n_n x_n}{n_1 + n_2 + \cdots + n_n} = \sum_{i=1}^{n} \omega_i x_i$$

$$\sigma = \sqrt{\frac{n_1(x_1 - x)^2 + n_2(x_2 - x)^2 + \cdots + n_n(x_n - x)^2}{n_1 + n_2 + \cdots + n_n}} = \sqrt{\sum_{i=1}^{n} \omega_i (x_i - x)^2}$$

将统计尺寸经数学整理后,可绘成分布曲线。分布曲线可分成理论分布曲线和实际分布曲线两类。实际分布曲线又可分为折线图和矩形图,图 2-1 表示所测得的实际尺寸的分布情况。当测得的次数越多时,实际尺寸分布曲线越接近于理论分布曲线,若实际测量次数趋于无穷大时,则实际尺寸分布曲线就应与理论分布曲线重合。

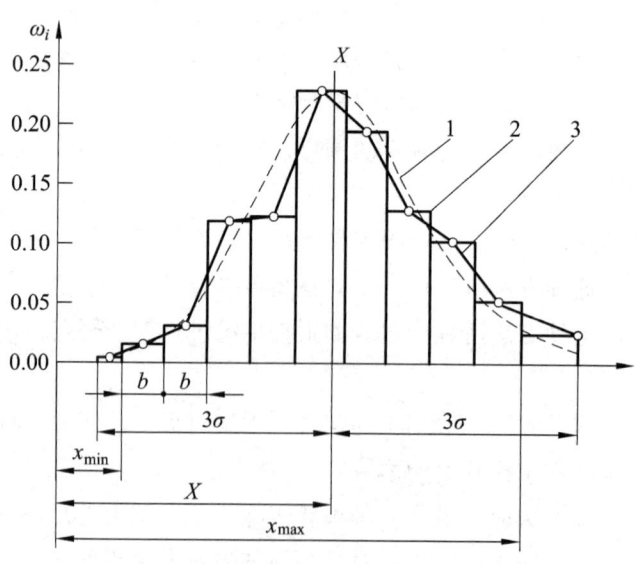

图 2-1 尺寸分布曲线

1—理论分布曲线;2—矩形图;3—折线图

根据统计测量结果，经数学整理后，可知理论分布曲线的规律是正态分布曲线（又称为高斯曲线），即

$$f(\chi_i) = \frac{1}{\sigma\sqrt{2\pi}} e^{\frac{-(x_i-x)^2}{2\sigma^2}}$$

这里需要强调的是，研究零部件的损伤规律时，实际的测量次数一定要大于统计学要求的最低限度，这样测量后求得的 X 值和 σ 值才能符合实际情况。将实际尺寸分布曲线与理论分布曲线相对照后，即可判断实际测量统计的可靠性。

每种损伤都有自己的特点和规律，因此，在研究损伤规律时所需考察的数据各不相同，但调查统计的基本方法是相同的，只是根据不同的损伤形式，确定其不同的调查统计部位和测量方法。

（二）车辆零部件的使用期限

一个零部件的使用期限是指该零部件从开始使用直至零部件因损伤达到了极限程度，从而必须对其进行修理时为止的全部使用时间。零部件的使用期限并不等同于使用寿命。使用寿命是指零部件从开始使用到报废为止的全部使用时间。车辆的零件或部件在运用中不可避免地要遭受到磨损、蚀损、变形和断裂等损伤，丧失其正常的功能而失效，不能继续使用。其中，有些零部件可以通过修理恢复其正常功能而继续使用，这就是该零部件用过了一个使用期限。零部件经过多次修理后，完全丧失其应有的功能而必须报废，这时就称该零部件已用尽了它的使用寿命。

零部件的使用期限主要取决于零部件的损伤情况，损伤达到不能继续使用的程度称为该零部件的极限损伤。零部件的损伤是否已达到极限程度，首先，应考虑零部件本身的强度和刚度是否超过其允许程度；其次，应考虑零件与部件的正常的工作条件，如果零件损伤后的尺寸与外形，改变了该零件在部件中的正常的配合条件，那也不能继续使用下去。

因此，零部件的损伤是否达到了极限损伤程度，不仅要从零件本身来考虑，而且要联系零件在相互配合上，以及它在部件和整个车辆中的作用来考虑。例如，车轮踏面的磨损量几乎与走行公里成正比，规定其极限磨损量为某个数值。当车轮踏面磨损深度超过这个数值时，车轮就不能继续使用，必须进行踏面镟修，恢复其正常的廓形尺寸后，才允许继续使用。然而，从车轮的其他部分，如轮辋厚度来看，可能尚未达到不能使用的程度，而踏面达到极限磨损深度规定值后必须镟修，主要是考虑踏面磨损会影响轮对在钢轨上正常的工作。如果从轮辋厚度来考虑，车轮的使用寿命是根据允许的轮辋最小厚度来确定的。由于车轮踏面多次的磨损和镟修，使轮辋厚度逐渐减小，当厚度小于允许值时，就必须报废。

（三）车辆的经济使用寿命

采用预防性计划检修制度过程中，车辆经过大修时应消除在运用中产生的一切不良状态，使其技术状态接近于新造车的水平。这样，从理论上讲，只要对车辆按既定的检修周期进行

大修，就可使车辆无限期地使用下去。但在实际工作中，考虑到修理的经济效益时，并不这样做，而是当车辆运用到一定程度，经过若干次大修后，不再进行大修而报废。车辆最终应使用到什么程度，亦即车辆的使用寿命应多长才最经济是一个值得思考的问题。

根据极限损伤程度确定了零部件的使用期限后，并不能直接确定车辆的使用寿命。车辆的使用寿命指标，应以能反映车辆的运用性能为依据。车辆的经济使用寿命，就是依据车辆投入运用的时间与进行修理的时间的比值这一车辆最主要的运用指标之一来表示的。这一比值称为车辆经济使用寿命系数 η，η 可由下式求得

$$\eta = \frac{T}{T+T'} = \frac{T}{T+\sum T_i} = \frac{1}{1+\frac{\sum T_i}{T}}$$

式中　T——车辆在一个大修周期内的工作日数；
　　　T'——车辆在一个大修周期内的全部停修日数；
　　　T_i——用于各种修程的停修日数。

用于修理上的时间损失，可用相对修理损耗系数 Z 来表示，即

$$Z = \frac{T'}{T} = \frac{\sum T_i}{T}$$

η 值在 0~1 变化，η 值越大，则 Z 值越小，说明车辆使用寿命越长。因此，提高车辆使用寿命的途径，在于延长车辆实际运用日数和缩短修理停留时间，一切能延长零件使用期限和提高检修工作效率的措施，都是延长车辆使用寿命的有效的方法。显然，车辆经济使用寿命系数 η 和相对修理损耗系数 Z 是评价检修制度是否合理的指标之一，能保证 η 最大与 Z 最小的检修制度才是经济合理的。

（四）制订检修周期的基本方法

制订经济合理而切实可行的车辆检修制度，需要考虑的因素很多，但主要考虑零部件的使用期限与车辆经济使用寿命这两方面的要求。

由于各种零部件的使用期限长短不一，制订检修周期时，首先要确定最小的定期检修周期。从理论上说，最小的检修周期 T_1 应不大于零部件中最小的使用期限。然而，有些零部件的使用期限过短，修理工作量也不大，若以这类零部件的使用期限作为最小的检修周期，就会增加定期检修的次数，使车辆相对修理损耗系数 Z 值增大，而经济使用寿命系数 η 减小，同时使大多数零部件不到使用期限就要进行修理而很不经济。因此，将少数使用期限过短、数量不多而且修理工作量又不大的零部件，列为车辆日常维修的内容。这样，通常把车辆的最小检修周期定为 1 年（或更长些），对使用期限不足 1 年而又很重要的零部件，例如轴箱装置与制动装置等，对它们可作特殊的规定。而对那些使用期限大于最小定期检修周期 T_1 的零部件测按 T_1 的整倍数进行分类，如表 2-8 所示。

表 2-8 零部件按最小检修周期分类示例

零部件分类	分 类 数	使用期限 T_i 的范围	检修周期
第 1 类	1	$T_1 \leq T_i \leq 2T_1$	T_1
第 2 类	2	$2T_1 \leq T_i \leq 3T_1$	$2T_1$
⋮	⋮	⋮	⋮
第 n 类	n	$nT_1 \leq T_i \leq (n+1)T_1$	nT_1

表 2-8 中零部件分类数 n，可由最大使用期限 T_{max} 与 T_1 的比值来确定，即

$$n = \frac{T_{max}}{T_1}$$

最小检修周期 T_1 确定后，则可进一步确定检修循环结构中最大的检修周期 T_k。车辆运用到最大检修周期时，要对车辆进行全面的检查和修理，经修理后，应接近于新造车的技术状态。因此，确定最大检修周期是制订检修制度的关键。理论上，T_k 可按下式确定

$$T_k = kT_1$$

式中　k——正整数。

k 值的确定原则是：充分利用各类零部件的使用期限，使车辆经济使用寿命系数 η 值最大，相对修理损耗系数 Z 最小。若 k 值太小，势必使许多零部件不能充分利用其使用期限而提前进行检修。

我国城市轨道交通车辆实行预防性计划检修制度。实际上车辆的零部件很多，使用期限极不一致，因此修理循环结构比较复杂。同时，随着新型车辆的大量生产，维修质量不断提高，车辆零部件的使用期限也不断地延长，修理循环结构与检修周期也应进行相应的调整。

复习思考题

1．什么是城市轨道交通车辆的修程？
2．以上海地铁为例，它的修程分为哪几种？
3．什么是检修周期？日检、月检、定修、架修、大修周期各是多少？
4．在车辆检修的各级检修规程中规定了哪些方面的内容？
5．如何制订车辆的检修周期？

第三章　城市轨道交通车辆的检修基地

第一节　检修基地概述

一、检修基地的功能

车辆良好的技术状态和正常的运行是由各级修程保证的。城市轨道交通车辆采用计划预防维修和按技术状态事后临时维修相结合的制度，设有日常维修和定期维修两部分。城市轨道交通运营单位根据修程对城市轨道交通车辆进行的各级检修工作必须在专门的车辆检修基地（以下简称检修基地）进行。列车退出运营后也要进入检修基地进行洗刷、清扫、定期消毒等工作。因此，维修基地是地铁车辆停放、检查、维修、保养和检修的专门场所，它是保证城市轨道交通车辆良好的技术状态和城市轨道交通正常运营的重要基础。对维修基地要根据城市轨道交通网络，进行统筹考虑、合理配置和分工，根据需要确定它的规模，对车辆实施不同的修程。车辆维修基地根据功能和规模的大小可划分为停车场、车辆段。

检修基地以车辆运用、检修为主，但考虑到地铁系统管理的需要，方便组织城市轨道交通地铁各专业的维修工作，可以将工务、通信、信号、机电设备等专业的维修与车辆检修基地一并考虑，这样有利于协调各专业接口，对各专业维修工作进行有效的协调管理，可以合理规划、统一使用场地和设备，节约土地和投资。同时，也有利于实现计算机网络和现代化管理。

城市轨道交通车辆维修基地的分类及功能：

1. 停车场

停车场是车辆停放的场所，承担的任务有：车辆的停放、洗刷、清扫以及车辆列检和乘务工作，停车场所在正线运营列车的故障处理和救援工作，车辆定修（年检）以下车辆的各级日常检查维修的修程。遇到车辆的重大临修则采用部件互换的修理方式。每条地铁线路按其线路长度和配属车辆的多少，设置停车场或根据需要再增加设置辅助停车场，辅助停车场仅设置停车、列检设施，只承担车辆的停放、清洁、列检工作。

停车场配备车辆运用、整备和日常检查维修及配套设施，主要有停车列检库、不落轮镟轮库、调机库、临修库和车辆自动洗刷库及出入段线、洗车线、试车线、各种车库线，以及牵出线、存车线、走行线等各种辅助线路；主要设备有：调机车（内燃机）、不落轮镟床、自动洗车机和车辆救援设备，以及为车辆重大临修服务的架车机、起重机等。

2. 车辆段

车辆段除具有停车场的功能外,还是对城市轨道交通车辆进行较大修程的场所。车辆段主要有以下功能:

(1) 承担所属线路的车辆停放、清洁、列检工作。

(2) 承担所在线路车辆的定修(年检)及以下车辆检查维修和临修工作。

(3) 承担所属线路和由多条联络线互相沟通的线路的车辆架、大修工作。

(4) 承担车辆部件的检测、修理工作,满足车辆各修程对互换部件的需求。其维修能力的设置也可使其成为地铁网络的车辆部件维修点,为其他车辆段服务。

车辆段要在停车场的基础上增加车辆架、大修的设施设备,车辆主要检修方式采用部件互换修。同时,根据工艺要求,要具备车辆零部件的检修能力。

车辆段配备的车辆检修设施主要有架、大修库,静调库和部件检修间,以及油漆间、机加工间、熔焊间和必要的辅助间等。车辆架修、大修主要设备有:架车机、移车台或车体吊装设备、公铁两用牵引车、转向架、车钩、电机等各种部件的试验和修理设备、车辆油漆设备、列车静态调试和动态调试设备。承担列车转向任务的车辆段还设置有列车的回转线。

车辆段内无物资总库时还要设置材料库,并配备必要的运输和起重设备。

车辆段主要划分为检修区和运营区,所有的检修工作均集中在检修区进行,运营区主要负责段属车辆的停放、列检和乘务工作。

车辆段一般还兼有综合检修基地功能,是保障线路各系统正常运行的保障基地和管理部门。在停车场一般设置各系统的维修工区,属综合检修基地管辖。

综合检修基地的功能和任务如下:

(1) 承担所辖线路沿线隧道、线路和桥梁等设施的检查、保养和维修工作。

(2) 承担所辖线路车站建筑和地面建筑的保养和维修工作。

(3) 承担所辖线路变电所、接触网、供电线路和设备的运行管理、检查、保养和维修工作。

(4) 承担所辖线路各机电系统及设备的运行管理、检查、保养和维修工作。

(5) 承担所辖线路通信、信号系统的运行管理、检查、保养和维修工作。

(6) 承担所辖线路自动售检票系统和设备的运行管理、检查、保养和维修工作。

(7) 承担所辖线路防灾报警系统、设备监控系统的检查、保养和维修工作。基地各系统和设备的大、中修等工作外委。

(8) 承担所辖线路运营、检修所需的各类材料、设备、备品配件的采购、储备、保管和发放工作。

综合检修基地主要设施:综合检修基地检修车间、材料总库、特种车辆库、办公楼等设施。

二、维修基地的选址原则和布置原则

1. 选址原则

维修基地位置的选定要从技术需要、经济合理和环境可能等诸因素综合考虑。选址的主要原则有：

（1）要有一定的场地面积，相邻单位和居民要少，尽量减少拆迁费用，同时在保证基地用地布置需要的同时，尽可能减少对周围环境的影响。

（2）能布置通畅的道路与外界道路相通，便于各种运输车辆的进出；并且邻近铁路，与铁路有较好的联系，便于地铁列车、调车机车、工程列车、货物列车与铁路之间的接泊和转运。

（3）设置于城市轨道交通网络的较佳点，便于列车的出车和收车，减少列车空走距离，做到方便、可靠、迅速、经济，达到节能、高效的目的。

（4）根据城市轨道交通网络规划，留有远期发展的余地。

（5）避开工程地质、水文地质不良（如滑坡、活断层、流砂、高地下水位、永冰土层等）地段，降低建设造价和保证工程的质量。

（6）场地标高具有良好的自然排水条件。尽量避开受洪水影响地形，当无法避开时应有切实可行的防洪措施。

（7）有利于电力、通信等线路和供、排水等管路的引入。

（8）维修基地的纵轴尽可能与本地区的主导风向一致或成较小角度。

（9）对于用地困难的城市，可以因地制宜。采用半地下、双层、三层等结构，上部可作为办公或进行综合开发使用，以减少占地面积。

2. 布置原则

维修基地的总体布置应首先满足停车功能和检修功能，还要根据占地的形状和地形，因地制宜，综合考虑。

一般来讲，细长的占地形状便于布置，有利于节约用地，可以将检修区和停车区分别集中，便于管理，减少干扰。

停车场承担列车停车和日检、双周检、双月检、定修（年检）等较低级修程的检修任务，一般检修库和停车库并列（横列式）布置（见图3-1），这样便于工作的互相联系和减少占地面积。

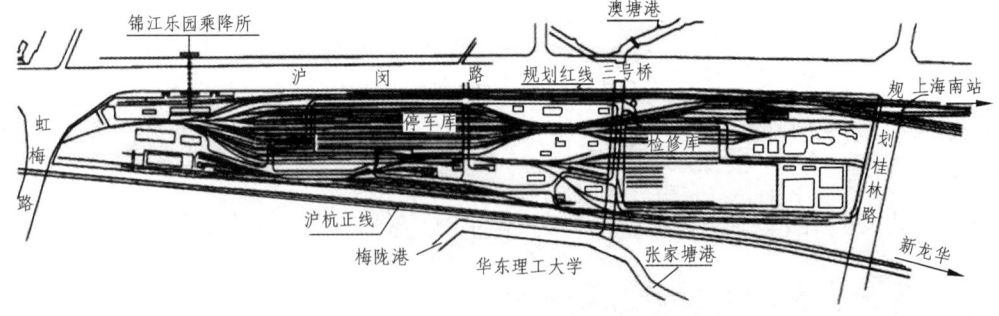

图3-1 上海地铁检修库和运用库的横列式布置

车辆段（大修段）承担停车和包括架大修较高级修程的各级修程检修任务，一般停车库和检修库串联（纵列式）布置（见图3-2），将对车辆各级修程的检修工作都集中在检修区。

这样便于检修的集中管理,对车辆检修的大型设备辅助车间、设备和备品、备件库及工具间也可以协调统一使用,提高它们的使用率和工作效率。

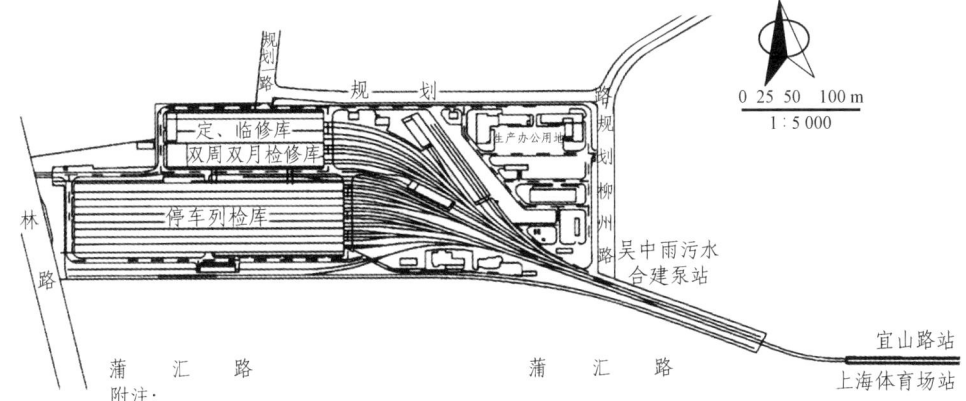

图 3-2 上海地铁检修库和运用库的纵列式布置

停车库应尽可能布置成贯通式,列车由停车库两端进出,可以大大缓解车场道岔咽喉区的列车通过能力,这种布置方式一般还设置连通两端的联络线,对列车的灵活调度、运用,缩短出、入库时间具有明显的优点。

维修场地的总体布置还要遵循以下基本原则:

(1)根据车辆运行组织、车辆检测规程使作业流程顺畅、安全、便利,减少各工序流程间的冗余时间及车辆空走和运输距离。

(2)基地内道路应尽量避免与生产运输的道路交叉。需要交叉时,交叉角度应在45°~90°之间,交叉道口不应有明显影响车辆司机瞭望视线的障碍物,必要时可以设置人工监护和自动道口栏杆及报警装置,以保证列车和人身安全;道口应采用混凝土硬化地面,平整顺畅。

(3)基地根据设施的不同功能分区布局,一般分为车辆运用区、车辆检修区、行政管理和后勤服务区,各功能区域宜尽可能集中设置,这样便于设备的统一使用,减少生产运输路程,可以集中考虑水、电、通信等各种线路、管理设施的布置。对废水、废液、废气和噪声等统一处理,有利于建立消防、安全保卫系统,并且方便职工的就餐、就医、上下班交通等生活需要。

(4)在满足功能的前提下,尽量减少用地面积,提高土地使用率,并要为长远发展留有余地。

(5)建筑物的纵轴尽可能与主导风向一致或成较小角度,主要建筑物尽量不要处于南方日晒、北方寒风袭击的不利朝向。

(6)基地的布置与建设还要和城市的生态环境、文化环境、建筑特色相协调。

三、维修基地建设规模

维修基地的规模主要取决于配属的地铁列车数和列车的检修模式,同时考虑其他专业设备的检修规模。

配属列车包括运用列车、检修列车和运用备用车，可用下式来表示

$$N = N_y + N_j + N_b$$

式中　N——配属列车（列）；
　　　N_y——运用列车（列）；
　　　N_j——检修列车（列）；
　　　N_b——备用列车（列）。

1. 运用列车数

运用列车数量决定于运行线路的长度、列车的旅行速度、行车间隔和折返时间，计算公式为

$$N_y = \frac{T_z}{t_j} = \frac{T_y + T_y' + t_z + t_z'}{t_j}$$

当上、下行线路长度和两端折返时间相同时，有

$$N_y = \frac{ZT_y + ZT_z}{t_j}$$

即

$$N_y = \frac{2L/v \times 60 \times 2t_z}{t_j}$$

式中　N_y——运用列车数（列）；
　　　L——运营线路长度（km）；
　　　v——旅行速度（km/h）；
　　　t_z——折返时间（min）；
　　　t_j——行车间隔（min）；
　　　T_z——列车周转时间，即列车在线路上运行一个来回需用时间。

行车间隔（min）取决于每小时列车运行对数，即

$$t_j = \frac{60}{A}$$

式中　A——每小时列车运行对数（对/小时）。

运行对数 A 决定于小时单向最大客流断面和列车编组、列车载客量和超载系数，其计算式为

$$A = \frac{\vartheta_g}{q \cdot \lambda_g}$$

式中 ϑ_g——高峰小时单向最大断面客流量（人次/小时）；

q——列车定员数（人/列）；

λ_g——高峰时段计划满载率，一般取为110%，130%。

2．备用列车数

备用列车数是作为车辆临时发生故障时投入使用的储备列车，根据有关实例，备用列车数量一般取为运用车的10%左右。当运用列车多时，取<10%，当运用列车少时，取>10%。一般一条运行线要保证2列备用列车。目前，车辆的技术水平逐步提高，也可以采用以下方法：

运营线路20 km及以下，配备2列备用列车；运营线路每增加20 km，增加一列备用列车也能基本满足运营需要。

3．检修列车数

检修列车数取决于运用车辆数、检修周期及检修的停库时间，计算公式为

$$N_j = (N_y + N_b)a$$

式中 N_j——检修列车数（列）；

N_y——运用列车数（列）；

N_b——备用列车数（列）；

a——检修系数，$a = \sum a_i$，a_i为各级修程的检修系数。

各级修程的检修系数a_i的计算公式为

$$a_i = \frac{T_i(1/n_i - \sum 1/n_k)}{T_n}$$

式中 T_i——该级修程的检修停运时间（日）；

T_n——全年工作日（日）；

n_i——该级修程的检修周期（年）；

n_k——该级以下修程的检修周期（年）。

复习思考题

1．城市轨道交通车辆检修基地如何分类？
2．停车场的功能是什么？
3．车辆段的功能是什么？
4．综合检修基地的功能是什么？
5．车辆段停车库和检修库的布置有哪几种形式？
6．维修场地的总体布置原则有哪些？

第二节　维修场地的主要线路

一、停车线

停车线应为平直线路，一般设成车库，停放车辆同时兼作检修线，分为尽端式和贯通式，但贯通式便于列车的灵活调度，因此应尽可能采用贯通式。一般尽端式每线停放 2 列列车、贯通式可停放 2~3 列列车。

停车库线数 S_t 为

$$S_t = (N - N_j)/n$$

式中　　N——配属列车数（列）；
　　　　N_j——检修列车数（列）；
　　　　n——每线停放列车数（列）。

停车库长度 L_t 为

$$L_t = (L + A)N_i + B$$

式中　　N_i——每线停车列数（列）；
　　　　L——每列车的长度（m）；
　　　　A——两列车之间通道长度（m），再考虑停车不准确因素，一般为 6 m；
　　　　B——列车端部通道长度（m），综合消防、运输及作业需要等因素确定。

二、出/入段线

供车辆出/入停车场或车辆段的线路，除特殊条件限制都要设置为双线，并避免切割正线，根据行车和信号要求留有必要的段（场）线路与运营正线的转换长度。

三、牵出线

牵出线适应段（场）内调车的需要，牵出线的长度和数量根据列车的编组长度和调车作业的方式和工作量确定。

四、静调线

静调线设在静调库内，列车检修完毕到试车线试车之前，要在静调库对列车进行静态调试，检查列车各部分的技术状态，对各种电气设备和控制回路的逻辑动作和整定值进行测试和调整。静调线全长设置地沟，地沟内设置照明光带。静调线为平直线路，静调库内还要设置车间牵引电力电源和有关的测试设备。车辆段在车辆检修后进行车辆的尺寸检查，其中要对车辆的水平度进行检查，需要轨道高差精度等标准较高的线路（称为零轨），宜设在静调线。

五、试车线

试车线供定修、架修、大修后列车在验收前的动态调试。试车线的长度应满足远期列车最高运行速度、性能试验、列车编组、行车安全距离的要求。一般为平直线路，线路中间要设置不小于一单元列车长度的检查坑，供试车临时检查用。为进行列车车载信号装置的试验，试车线还应设置信号地面装置，试车线旁应设置试车工作间，内设信号控制和试车必需的有关设备、设施和仪器。试车线应采取隔离措施。

六、洗车线

洗车线供列车停运时洗刷车辆用，洗车线中部设有洗车库。洗刷线一般为贯通式，尽量和停车线相近，这样可以减少列车走行时间，并减少对车场咽喉地区通过能力的压力。洗车库前后要设置不小于一列车长度的直线段，以保证列车平顺进出洗车库。

七、检修线

检修线为平直线路，布置在检修、定修、架修、大修库内。架大修线的线间距要根据架修作业需要，还要综合考虑架车机等检修设备以及检修平台等的布置，检修移动设备、备件运输车辆移位，以及检修人员作业需要的空间确定。检修线中要有一条平直度要求较高的线路，用于车体地板高度的精确测量。

八、临修线

列车发生临时故障和破损，在临修线上完成对车辆的临修工作，临修线的长度应能停放一列车，并应考虑列车解编的需要。

以上是保证列车运行和检修的主要线路，除此之外，维修基地内还必须按需要设置临时存车线、检修前对列车清洗的吹扫线、材料装卸专用线、内燃调机车和特种车辆（如轨道车、接触网架线试验车、磨轨车、隧道冲洗车等）停车线、联络线和与铁路连通的地铁专用线等。

这些线路用道岔互相连接，道岔和信号设备联锁，由设置在站场中央调度室的电气集中控制设备进行操作，排列和开通列车的进路，进行调车和取送车作业。在技术、经济条件允许下,也可采用计算机联锁。为了控制出入段列车能按运行计划进入推出正线运行,出入段线的信号机由正线行车指挥系统进行开放控制,对有关线路的列车运行进行监视。

布置车场线路,应遵循以下几点要求:

(1)列车停车、检修、试验及其他作业的线路应为平直线路,其他线路的坡度不应大于20‰;由于在车场内是无载客运行,通过对数较少、行车速度较低,最小平面曲线半径的选择不易采用太高标准,可以根据道岔的导曲线半径及车辆构造允许的最小曲线半径等因素确定,一般以 $R \geqslant 150$ m 为宜。

(2)除架线、大修线外,车场内地铁列车可能到达的地方应设置接触网或接触轨(包括接通至库内)。采用接触轨应有防护设施,保证人身安全。采用接触网,在线路有接触网区段和无接触网区段交界处应设置醒目的标志,防止列车误入无接触网区段,造成列车受电弓和接触网的损坏事故。

(3)在线路端部应设置车挡。在技术、经济条件允许情况下,采用弹性车挡为宜。存车线若有坡度,应布置为面向车挡为下坡道,防止溜车。

(4)对各线路接触网应根据实际情况分区(段)供电,设置隔离开关,分别断、送电,便于对列车进行各种作业。

(5)除架修、大修线外,其他线路的有效长度至少应保持按远期规划列车编组长度与内燃调机长度之和再加上满足司机瞭望和行车安全的距离。防止列车停止在道岔区,堵塞相关的进路。

复习思考题

1. 维修场地的主要线路有哪些?
2. 对维修场地的停车线有什么要求?
3. 对维修场地的静调线有什么要求?
4. 对维修场地的试车线有什么要求?
5. 对维修场地的洗车线有什么要求?
6. 对维修场地的检修线有什么要求?
7. 布置车场线路应遵循些什么要求?

第三节 检修库房和车间及其主要设备

一、停车列检库及其附属车间

停车库兼有停车、整备、清扫、日常检查、司机出乘等多种功能,为实现这些功能,停车库除设有停车线外,还设有运用车间、运转值班室、司机待班室等司机出乘用房,列车以及列车车载信号检修用房。由于列车本身价值昂贵,在地铁运行中占据着重要地位,因此在停车库都要设置自动防灾报警设备,并和整个消防系统联系在一起。架空触网或接触轨应进库,接触轨应加防护装置,每条库线两端和库外线之间及停车台位之间设置隔离开关,可以对每条停车线的接触网(接触轨)独立停、送电,每条停车线还应有接触网(接触轨)送电的信号显示和列车出、入库的音响报警装置。停车线兼作车辆列检线,应有检查地沟。

停车库兼列检线的停车线设宽地沟,地沟内应有 220 V 及 24 V(或 36 V)的插座,地沟长度 L 为

$$L = l_1 + 2L_1$$

式中　L——地沟长度(m);

　　　l_1——列车长度(m);

　　　L_1——梯阶平面长度(m)。

地铁车辆除了由自动洗刷机洗刷外,对列车自动洗刷不到的部件需进行人工辅助洗刷,还要对列车室进行每日清扫、洗刷和定期消毒。这些工作在清扫库进行,清扫库一般毗邻停车库,库内应设置上、下水及洗刷平台。

在停车库两端应有一段平直硬化地面,作为消防、运输通道,通道应该设置可动防护栏杆,平时封锁,仅在必要的特殊情况下使用。

二、检修库及其辅助车间

检修库及其辅助车间的平面布置主要取决于车辆的配属量、车辆的修程、检修方式及其工艺流程,同时要综合考虑自然地形条件、工件运输线路以及安全、防火和环保要求等因素。

(一)双周、双月检库

双周、双月检都要在库内对列车的走行部、车体及车顶设备进行检查,为便于作业和保证安全,线路采用架空形式,除线路中间设置地沟外,在检修线两侧设有 3 层立体检修场地,底层地坪低于库内地坪(若以轨面标高为 ± 0.00 m,其地坪标高约为 – 1.0 m),可以对走行部以及车体下布置的电气箱、制动单元、蓄电池进行检查,中间为标高 + 1.1 m 左右的平台,可对车体、车门进行检查作业,车顶平台标高 + 3.5 m,主要对车辆顶部的受电弓、空调设备进行检修,车顶平台设有安全栏杆。双周、双月检库立体检修平台如图 3-3 所示。

双周、双月检库根据作业的要求设有悬臂吊,可以对需要进行拆、装作业的受电弓和空调设备进行吊装。还配置了液压升降车、蓄电池等电器箱搬运车等运输车辆。

为了对车辆进行双周、双月检,定修(年检),还应设置受电弓、空调装置、车载信号、试验设备等辅助工间以及备品工具间。

图 3-3 双周、双月检库立体检修平台

(二)定修库

定修库和周、月检一样,线路采用架空形式,线路中间设置检修地沟,线路两侧设置三层检修场地。车库设有 2 t 的起重机。车辆的定修和临修有时也可以在一个车库进行,合并为定修、临修库,这时必须根据列车编组在库内设置架车机组,在列车解钩后可以同步架起一个单元的车辆。车库内设有 10 t 的起重机,其起重量可吊装车辆的大部件。其辅助工间应和其他检修库统一考虑。

(三)架修、大修库

架修、大修的布置应根据车辆检修工艺流程确定。对车辆设备和零部件的检修方式采用互换修为主,作业流程根据实践情况,一般采用流水作业和定位修方式相结合。采用部件互换修可以减少列车的停库时间,并且可以合理地安排计划,做到均衡生产,避免因某一部件检修周期长,影响整列车的检修进度。联合检修厂房内设置车辆的待修、修竣部件的存放场地。

架修、大修库内主要设备有:地下式架车机(见图 3-4)、移车台、假转向架、桥式起重机、公铁两用牵引车、必要的运输工具、工作平台等。

图 3-4 地下式架车机

(四)辅助检修车间及其设备

地铁车辆是一种涉及多种专业、极其复杂的设备,在对车辆进行架、大修时,都要架车、分解,对部件进行检修。这些检修工作都在辅助检修车间进行。这些辅助检修车间根据列车架、大修的工艺流程,大部分都布置在检修主库的周围。

1. 转向架、轮对间

转向架、轮对间通过轨道和转向架转盘架、大修库相连接。主要由转向架检修区、轮对检修区和轮对等零部件的存放区组成。

转向架检修区对转向架进行分解,分解后的零部件送到相应检修位置进行检修,恢复技术状态,然后进行组装。转向架检修区的主要设备有转向架冲洗机、转向架回转台、构架试验台、转向架综合试验台(见图3-5)、地下式转向架托台以及减振器试验台、一系悬挂弹簧试验台等。

图 3-5 转向架综合试验台

轮对间主要用于对轮对以及轴箱、轴承进行检修。主要设备有从轴颈上组装、拆卸轴承的感应加热器,组装车轮的轮对压装机,加工车轮内孔的立式车床,加工轴颈的轴颈磨床和加工轮对踏面的轮对车床等大型设备。还有对轴箱轴承进行清洗和检查以及分解轴箱的感应加热器等设备。由于轮对的车轴受循环应力作用,其破坏形式是疲劳破坏,应定期对其进行探伤,还要配置超声波及磁粉探伤设备。由于对轴承的检修工作专业性强,需要大量的设备和较大的占地面积,但是每年的工作量很小,所以一般都将轴承检修工作委托社会专业单位承担。有条件的地方,也可以将探伤工作委托社会专业单位承担。

转向架、轮对间要有足够的零部件存放场地,还应配备相应的起重设备。

2. 电机间

电机间是对车辆牵引电机、空气压缩机电机以及其他车辆设备(如制动电阻冷却风机等)的动力电机进行检修的辅助车间。需要配备电机分解、检测、组装、试验的设备和必要的起重、运输设备。

主要设备有牵引电机试验台（见图3-6）、其他电机试验台，采用直流电机还有整流器下刻机、点焊机、动平衡试验机等。

电机大修专业性强，检修量少，并且需要绕线、浸漆、烘干等设备，一般都委托专业工厂进行维修。

图3-6　牵引电机试验台

3．电器、电子间

电器间承担对车辆电气组件的检修作业，对列车的主控制器、主逆变器、辅助逆变器、各类高速开关、直流接触器等各种电器进行试验、检修、检验，装备有综合电气试验台，辅助逆变器试验台，高速开关试验台，主接触器试验台，速度传感器试验台等各类试验台，以及供电气测试的各种仪器仪表。

电子间主要对列车牵引、制动、空调等计算机控制系统的各类电子控制板进行检修作业，由于电子间的检修、测试对象都是精密的电子元件，因此电子间要求采取无尘、防静电、控制环境温度和湿度等措施，是一个环境要求很高的车间。

辅助车间还有车门、制动、车钩、受电弓、空调检修间，相应配备有车门试验台、制动试验台、阀类试验台、车钩试验台、受电弓试验台、空调试验台以及必要的检修设备。

上述辅助车间一般都布置在架、大修主库的周围，可以使检修工序、流程合理紧凑简洁，减少运输路程，提高工作效率。

三、其他库房及车间

维修场地内有些库房及车间由于环境保护和劳动保护要求、检修的特殊要求等因素，或者是由于设施和维修基地的检修共同使用，要单独设置。

1．不落轮镟床库

地铁车辆转向架的轮对在运行中有时出现踏面的擦伤、剥离和轮缘磨耗达不到运行技术要求的问题，需要及时镟削。使用不落轮镟床可以不拆卸轮对直接对车辆的轮对踏面和轮缘进行镟削。运行的实践说明，不落轮镟床是保证地铁车辆正常运行不可缺少的重要设备，开始建设时就要对此作充分考虑。

不落轮镟床需要在温度、湿度得到控制的环境中使用。为减少投资，可在库内为镟床单独设置隔离的环境空间。

不落轮镟床库及其前后一辆车辆范围的线路为平直线路。作业线的长度要满足列车所有车辆轮对镟削的要求，列车出入库和轮对的就位一般由专门的牵引设备承担。

2. 列车洗刷库

列车洗刷库建在洗刷线的中部，库内设有列车自动洗刷机（见图3-7），可对列车端部和侧面进行化学洗涤剂和清水洗刷。在洗刷过程中，列车的行进可利用自身动力，也可用专设的小车带动，分为水喷淋、喷化学洗涤剂、刷洗等多道工序，在寒冷地区还应有车体干燥工序。

为避免列车洗刷作业影响对其他线路的进路，洗刷机前后线路的长度都不应小于一列车的长度。

图3-7 列车自动洗刷机

3. 蓄电池间

蓄电池间主要对地铁车辆的碱性蓄电池进行充电和检修，另外也对各种运输车辆的酸性蓄电池进行充电和检修。蓄电池间要配置相应的试验、充电设备和通风、给排水以及防腐设施。碱性和酸性蓄电池操作间应分开设置，防止酸气进入碱性蓄电池，酸、碱发生中和作用，影响蓄电池的质量。蓄电池间要单独设置，并布置在长年主导风向的下风侧，还要有防爆措施。

4. 中心仓库

中心仓库承担城市轨道交通全线各专业所需机电设备、机具、工具、材料、备品备件的供应工作。主要工作环节有采购、入库、仓储、发放。仓库中应有仓储起重、运输等设备和设施，还应附有露天存放场和材料专用轨道线。还要设置专门的环控库房，存放环境要求高的精度配件。

对于易燃易爆物品要单独设立危险品仓库，危险品仓库应单独设置在对周围建筑影响最小的位置，并与外界隔离。根据易爆、易燃物品的性质要分不同房间存放，建筑物的通风、消防等要符合有关规定。有时为了减少与邻近建筑物之间的防火距离，易燃品库也可采取半地下式或地下式的建筑。

城市轨道交通设备配件种类繁多（仅车辆配件就有数千种），价格昂贵。仓库对物流的管理涉及社会流通领域和城市轨道交通内部生产领域。它既是各专业检修生产工艺的组成部分，与检修生产密不可分，要保证供应；又有着非常强的"成本中心"的作用。

随着现代物流技术、计算机信息管理技术和电子商务的发展，使中心仓库采用自动化立体仓库仓储技术，建设"城市轨道交通自动化综合物流系统"成为可能。

自动化立体仓库主要由货物存储系统、货物存取和运输系统以及控制和管理三大系统组成，还有与之配套的供电系统、消防报警系统、网络通信系统等。

除此之外，根据需要还有调机（内燃机车）库、消防间、污水处理站、配电站、变电站、机加工中心、汽车库等，车间也需要单独设置。

四、车库、车间建筑的一般技术要求

（1）车库的长度根据股道作业车辆数如停车列数、检修台位数，及横向运输、消防通道作业要求等因素确定。

（2）车库的宽度应根据股道数量、股道间作业需要间距、检修设备布置、运输、消防通道等因素综合考虑，并要符合建筑设计的有关要求。

（3）车库的高度根据车辆限界和车顶作业、车顶上部起重设备作业以及维修要求确定。

（4）厂房应有良好的通风、采光条件，对有环境要求的车间厂房应有空调环境设备，在寒带地区应有采暖设施。

（5）应设置必要的上下水、动力、照明、压缩空气的管、线路及相关设施，按作业区设置必要的用电、用水计量表具。

（6）按消防要求配备必要的手携式灭火器、消防水栓、水喷淋等消防设备和设施。建筑的防火等级要和厂房的用途相适应。

（7）在主库的边跨布置必要的办公和生活设施。

（8）在必须设置检查地沟的线路上，一般设置较深的地沟，地沟的深度应为 1.4~1.45 m 为宜，并于检查地沟两端分别设置踏步。

（9）必须设接触网（轨）的线路，以"不影响其他作业区，保证设备人身安全"为原则，设置隔离开关及进行分区供电并要设置必要的安全设施。

（10）对于三废处理，废水和废渣应形成处理系统，进行集中处理为宜；废气应就地处理达到环保排放标准。

（11）噪声应得到治理，对振动和噪声较大的设备应采取将基础隔离或采取消音设施等措施。

复习思考题

1．对停车库兼列检线的停车线的地沟有哪些要求？
2．对月修库有哪些要求？
3．对定修库有哪些要求？
4．架修、大修库应配备哪些主要设备？
5．辅助检修车间应配备哪些设备？
6．其他库房及车间应配备哪些设备？

第四节 综合维修基地

综合维修基地承担全线各种设备、设施的定期维修、维护和故障维修。综合维修基地一般都和车辆维修场地设置在一起，也可以单独设置，但必须设置在车辆维修基地的紧邻地区。

在城市轨道交通运营线路较长或者担当两条以上运营线路的设备、设施维修任务时，维修任务大，可以设立综合维修中心，维修中心下可设各专业段（或车间）。在维修量不大，也就是在运营线路不长或在地铁运营的初、近期阶段，可设立综合维修段（所），下设各专业维修工区。

按照专业，一般可分为下述几个段（工区），根据专业特点需要有相应的检修间，并配备必要的检修设备。

通（信）、（信）号段（工区）承担全线通信（包括有线通信、无线通信、车站和车载广播、电视监控系统）和信号（包括 ATC 设备、地面和车载设备和车场折返线的道岔电气集中联锁控制系统）设备、设施的维修、维护工作，综合维修基地与工作相适应，要设立通信维修间和信号维修间。

机电段（机电工区、接触网工区）承担全线主变电站、牵引变电站、降压变电站的运行及设备维护，以及接触网、车站通风、空调等环控设备，自动扶梯、电梯、照明、防灾报警等辅助设备的维护、维修工作。机电段内设置了机电维修间和接触网架线、实验车和相关的机械加工设备。

修建段（工区）承担全线地下隧道及建筑、高架桥梁建筑、线路、道岔等设备、设施的巡检、维护工作。在综合维修中心设有工务维修间，并配备有轨道探伤、检测设备、磨轨机、隧道清洗车等必要的生产设施。

在综合维修基地还要配备相应的生产设施和特种车辆存放线和车库以及办公、生活设施。

第四章 常用检修设备及工量具的使用与维护

第一节 常用检修机械设备介绍

一、台虎钳的使用与维护

（一）台虎钳的用途

台虎钳是检修钳工用来夹持工件进行加工的常用必备工具。其规格是以钳口的长度来表示的，有 100 mm、125 mm、150 mm 等几种。

（二）台虎钳的分类、结构及工作原理

台虎钳有固定式和回转式两种，如图 4-1 所示。回转式台虎钳使用方便，应用较广。

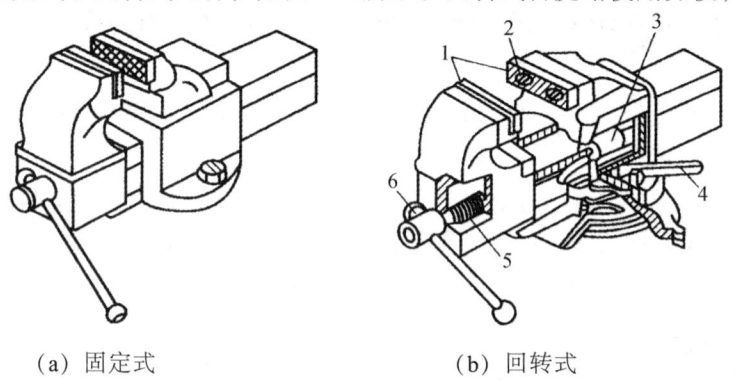

(a) 固定式　　　　　　　　　　(b) 回转式

图 4-1 台虎钳

1—钳口；2—螺钉；3—螺母；4、6—手柄；5—丝杠

台虎钳的主要零件有固定钳身、活动钳身、夹紧盘和转盘座，均由铸铁制成。转盘座与钳台用螺栓固定。固定钳身可在转盘座上绕其轴线转动，扳动手柄 4 旋紧夹紧螺钉，可使固定钳身紧固。螺母 3 固定在固定钳身上，丝杠 5 与之相配合。摇动手柄 6，丝杠旋转即可带动活动钳身前后移动，以夹紧或放松工件。固定钳身和活动钳身上各装有经过淬硬的钢质钳口 1，可延长使用寿命，磨损后可以更换。

（三）台虎钳的正确使用

（1）台虎钳安装在钳台上时，必须使固定钳身的钳口工作面处于钳台边缘之外，以保证

可以夹持长条形工件。

（2）夹持工件时，只允许用双手的力量来扳紧或放松手柄6。决不许用套管接长手柄或用锤子敲击，以免损坏机件。

（3）活动钳身的光滑平面，不准用锤子敲击，以免降低它与固定钳身的配合性能。

（4）台虎钳必须牢固地固定在钳台上，扳动手柄使夹紧螺钉旋紧，工作时应保证钳身无松动现象。否则易损坏台虎钳和影响工作质量。

（四）台虎钳的维护保养

台虎钳的丝杠、螺母和其他活动表面都要经常加油润滑，保持清洁，防止锈蚀。

二、分度头的使用与维护

（一）分度头的种类

分度头根据结构及原理的不同，可分为机械、光学、电磁等类型。应用较普遍的是万能分度头。分度头的规格是以主轴中心到底面的高度即中心高表示的，例如，FW125："F"为分度头，"W"为万能型，"125"为主轴中心高（mm）。

（二）万能分度头的结构

如图4-2所示，万能分度头主要由壳体和壳体中部的鼓形回转体（即球形扬头）、主轴以及分度盘和分度叉等组成。

主轴的前端有莫氏4号的锥孔，可通入顶尖。主轴前端的外螺纹，可用来安装三爪自定心卡盘。松开壳体上部的两个螺钉，可使装有主轴的球形扬头在壳体的环形导轨内转动，从而使主轴轴心线相对于工作台平面在向上90°和向下10°范围内转动任意角度。主轴倾斜的角度可从扬头侧壁上的刻度看出。刻度盘固定在分度头主轴上，和主轴一起旋转。刻度盘上有0°~360°的刻度，可用作直接分度。

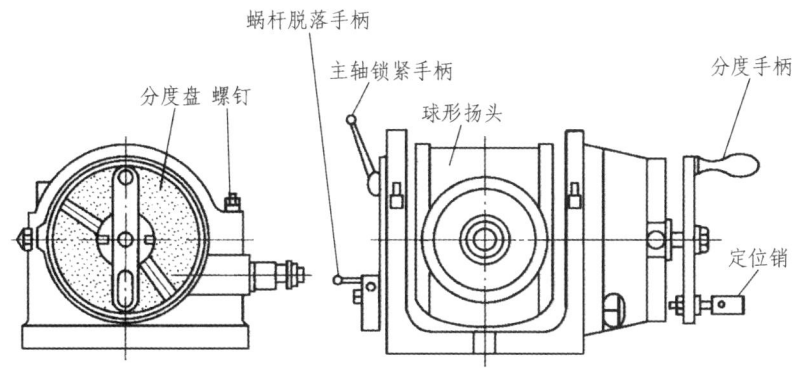

图4-2 万能分度头的结构

在分度头的左侧有两个手柄。一个是用于紧固主轴的，在分度时应松开，分度完毕后应紧固，以防止主轴松动。另一个是蜗杆脱落手柄，它可以使蜗杆与蜗轮连接或脱开。蜗杆与蜗轮之间的间隙，可用螺母调整。

（三）万能分度头的传动系统

常用的万能分度头的传动系统如图 4-3 所示。在手柄轴上空套着一个套筒，套筒的一端装有螺旋齿轮，另一端装有分度盘。套筒上的螺旋齿轮与交换齿轮轴上的螺旋齿轮相啮合（在主轴和交换齿轮轴上安装交换齿轮，实现分度盘的附加转动，可进行复杂分度）。简单分度时，可旋紧紧固螺钉将分度盘固定，当转动手柄时，分度盘不转动，通过传动比为 1∶1 的圆柱齿轮传动，使蜗杆带动蜗轮及主轴转动进行分度。刻度盘上标有 0°~360°的刻度，可用作对分度精度要求不高的直接分度。

（四）万能分度头的使用

分度头的主要功能是按要求对工件进行分度加工或划线。分度方法有直接分度法、简单分度法、角度分度法、复式分度法、差动分度法、近似分度法、直线移距分度法和双分度头复式分度法等。其中，简单分度法和差动分度法是常用的两种分度法。

1. 简单分度法

工件的等分数若是一个能分解的简单数，可采用简单分度法分度。由图 4-3 可知蜗杆为单头，主轴上蜗轮齿数为 40，传动比为 1∶40。即当手柄转过 1 周，分度头主轴便转过 1/40 周。如果要求主轴上支持的工件作 z 等分，即应转过 $1/z$ 周，则分度头手柄的转数可按传动关系式求出

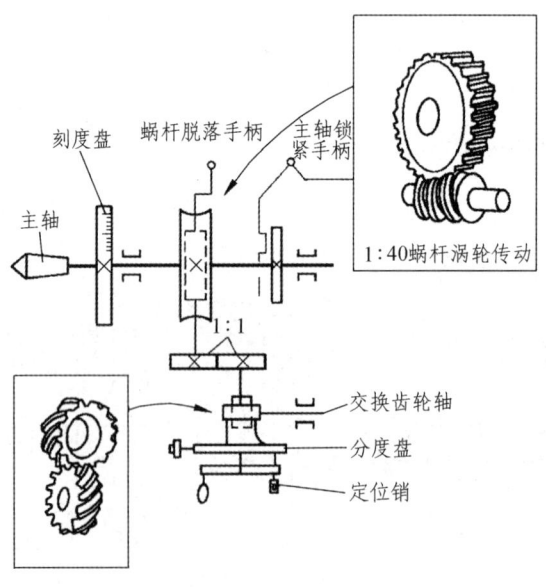

图 4-3　万能分度头的传动系统

$$1 : 40 = \frac{1}{z} : n$$

式中　n——分度头手柄转数（周）；

　　　z——工件的等分数。

在使用中，经常会遇到的是手柄需转过的不是整周数，这时可用下式计算

$$n = \frac{40}{z} = a + \frac{P}{Q}$$

式中　a——分度手柄的整周数（周）；

　　　Q——分度盘上某一孔圈的孔数（孔/周）；

　　　P——手柄在孔数为 Q 的孔圈上应转过的孔距数（孔）。

上式表示手柄在转过 a 整周后，还应在 Q 孔圈上再转过 P 个孔距数。

2．差动分度法

当分度时遇到的等分数是采用简单分度法难以解决的较大质数时（如 61、67、71、79 等），就要采用差动分度法来分度。

（1）差动分度法的原理。

差动分度法是将主轴后锥孔内装入交换齿轮轴，将分度头主轴、交换齿轮轴用交换齿轮连接起来。当旋转分度手柄进行简单分度的同时，主轴的转动通过交换齿轮及交错轴斜齿轮副，使分度盘也随之正向或反向旋转，以达到补偿分度差值而进行精确分度的目的。差动分度的手柄的实际转数是手柄相对于分度盘的转数与分度盘本身转数的代数和。

（2）差动分度法的计算。

采用差动分度法在计算手柄转数和确定分度盘的旋转方向时，首先选取一个与工件要求的实际等分数 z 接近而又能进行简单分度的假设等分数 z_0。当假设等分数 z_0 大于工件实际等分数 z 时，装交换齿轮时应使分度盘与手柄的旋转方向相同；当假设等分数 z_0 小于工件实际等分数 z 时，应使分度盘与手柄的旋转方向相反。分度盘的旋转方向，可通过在交换齿轮板上增加中间介轮来控制。即当主轴每转过 $1/z_0$ 周时，就比要求实际所转的 $1/z$ 周多转或少转了一个较小的角度。这个角度就要通过交换齿轮使分度盘正向或反向转动来补偿。由此可得到差动分度的计算式为

$$\frac{40}{z} = \frac{40}{z_0} + \frac{1}{z}i$$

即

$$i = 40\frac{z_0 - z}{z}$$

式中　z——工件实际等分数；

　　　z_0——工件假设等分数；

　　　i——交换齿轮传动比。

分度时手柄转数 n 可用下式计算

$$n = \frac{40}{z_0}$$

交换齿轮传动比 i 为负值时,表示分度盘和分度手柄转向相反。

三、砂轮机的使用与维护

(一)砂轮机的用途

砂轮机主要用于刃磨各种刀具,也可用来清理较小零件上的毛刺和锐边等。

(二)砂轮机的组成

砂轮机主要由机体、电动机和砂轮组成。

(三)砂轮机的种类

砂轮机按外形可分为台式砂轮机和立式砂轮机两种,如图 4-4 所示。

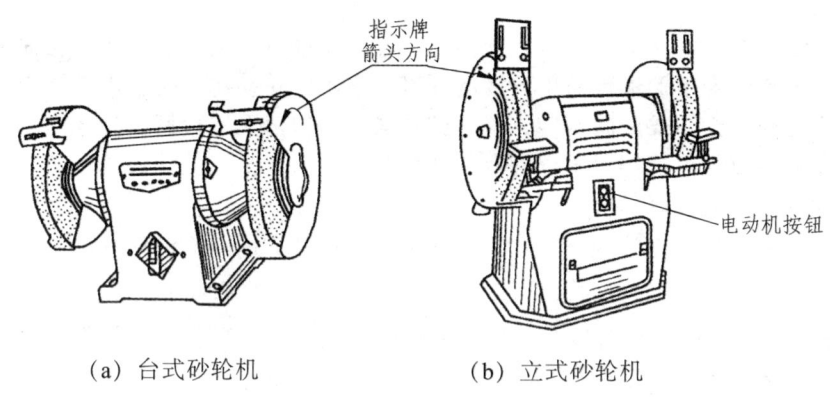

(a) 台式砂轮机　　　　(b) 立式砂轮机

图 4-4　砂轮机结构

由于砂轮质地较脆,使用时转速较高(一般在 35 m/s 左右),因此,在使用砂轮机时,须严格遵守安全操作规程,防止砂轮碎裂造成人身事故。

(四)使用砂轮机的注意事项

(1)砂轮的旋转方向必须与砂轮罩上的旋转方向指示牌相符,从而使磨屑向下方飞溅。

(2)启动后,应待砂轮达到正常转速时才能进行磨削。

(3)砂轮在使用时,不准将磨削件与砂轮猛撞及施加过大的压力,以防砂轮碎裂。

(4)使用时,发现砂轮表面跳动严重时,应及时用砂轮修整器进行修整。

(5)砂轮机的搁架与砂轮的距离,一般应保持在 3 mm 之内,过大则容易造成磨削件被轮轧入而发生事故。

（6）使用时，操作者不可面对砂轮，以防伤人。操作者应站在砂轮的侧面或斜侧位置。

（7）刃磨各种工具、钢刀具和清理工件毛刺，应使用氧化铝砂轮；刃磨硬质合金刀具，则应使用碳化硅砂轮。

四、钻床的使用与维护

（一）钻床的性能

钻床是一种常用的孔加工机床。在钻床上可装夹钻头、扩孔钻、铰刀、丝锥等刀具。

（二）钻床的用途

钻床可用来进行钻孔、扩孔、锪孔、铰孔、攻螺纹等加工工作。

（三）钻床的种类及结构

钻床根据其结构和适用范围的不同，可分为台式钻床（简称台钻）、立式钻床（简称立钻）和摇臂钻床 3 种。

1. 台式钻床

台式钻床是一种可放在工作台上使用的小型钻床，占用场地少，使用方便。其最大钻孔直径一般可达 12 mm。台钻主轴转速较高，常用 V 带传动，由五级带轮变换台式钻床主轴的进给，而且一般都具有表示或控制钻孔深度的装置，如刻度盘、刻度尺、定程装置等。钻孔后，主轴能在弹簧的作用下自动上升复位。

Z512 型台式钻床是常用的一种钻床，如图 4-5 所示。

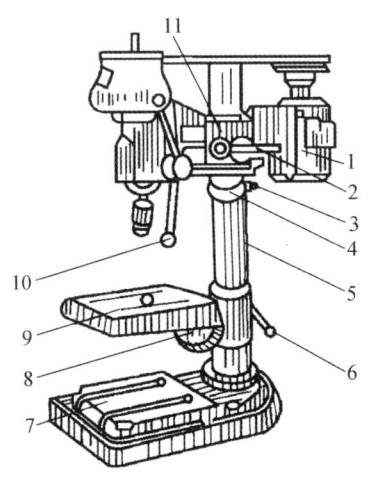

图 4-5　Z512 型台式钻床

1—电动机；2—手柄；3—螺钉；4—保险环；5—立柱；6—锁紧手柄
7—底座；8—锁紧螺钉；9—工作台；10—进给手柄；11—本体

电动机 1 通过五级 V 带轮使主轴可变换几种不同转速。本体 11 套在立柱 5 上作上下移动，并可绕立柱中心转到任意位置，调整到适当位置后可用手柄 2 锁紧。如本体要放低时，应先把保险环 4 调节到适当位置后，用螺钉 3 锁紧，然后再略放松手柄 2，靠本体自重落到保险环上，再把手柄 2 锁紧。同样，工作台 9 也可在立柱上做上下移动及绕立柱中心转动到任意位置。6 是工作台的锁紧手柄。当松开锁紧螺钉 8 时，工作台在垂直平面内还可以左右倾斜 45°。工件较小时，可放置在工作台上钻孔；当工件较大时，可把工作台转开，直接放在钻床底座 7 上钻孔。

台钻的转速较高。因此，不宜在台钻上进行锪孔、铰孔和攻螺纹等加工。

2. 立式钻床

立式钻床的钻孔直径规格有 25 mm、35 mm、40 mm 和 50 mm 等几种。立式钻床可进行自动进给，主轴的转速和自动进给量都有较大的变动范围，能适应于各种中型件的钻孔、扩孔、锪孔、铰孔、攻螺纹等加工工作。由于它的功率较大，机构也较完善，因此可获得较高的功率及加工精度。

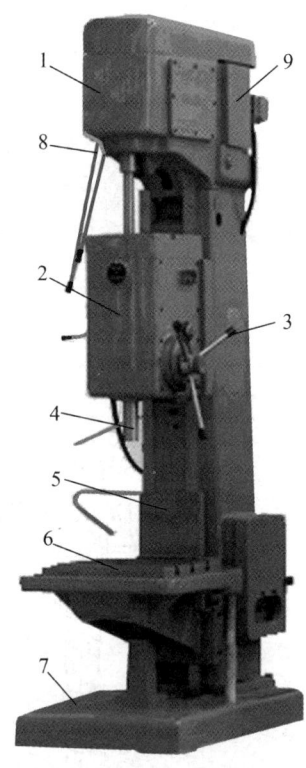

图 4-6　Z535 立式钻床

1—主轴变速箱；2—进给箱；3—进给手柄；4—主轴；5—立柱；
6—工作台；7—底座；8—变速手柄；9—电动机

Z535 立式钻床是目前钳工常用的一种钻床，如图 4-6 所示。床身固定在底座上。主轴变速箱固定在床身的顶部。进给变速箱装在床身导轨上，可沿导轨上下移动。为使操作方便，床身内装有与主轴箱质量相平衡的重锤。工作台装在床身导轨下方，也可沿床身导轨上下移动，以适应不同高度工件的加工。Z535 立式钻床还装有冷却装置，切削液储存在底座的空腔内，使用时由油泵排出。

Z535 立式钻床的主要性能和规格如表 4-1 所示。

表 4-1　Z535 立式钻床的主要性能和规格

最大钻孔直径	35 mm
主轴孔锥度	莫氏 4 号
主轴行程	225 mm
主轴转速	68～1 100 r/min
工作台行程	325 mm
电动机功率	4.5 kW

立式钻床的使用及维护保养如下：
（1）使用前必须空运转试车，机床各部分运转正常后方可操作加工。
（2）使用时，如不采用自动进给，必须脱开自动进给手柄。
（3）变换主轴转速或自动进给时，必须在停车后进行调整。
（4）经常检查润滑系统的供油情况。
（5）使用完毕后必须清扫整洁，上油，并切断电源。

3．摇臂钻床

如图 4-7 所示，摇臂钻床适用于单件、小批和中等量生产的中等件和较大以及多孔件的各种孔加工。由于它是靠移动主轴来对准工件上孔的中心的，所以使用时比立式钻床方便。

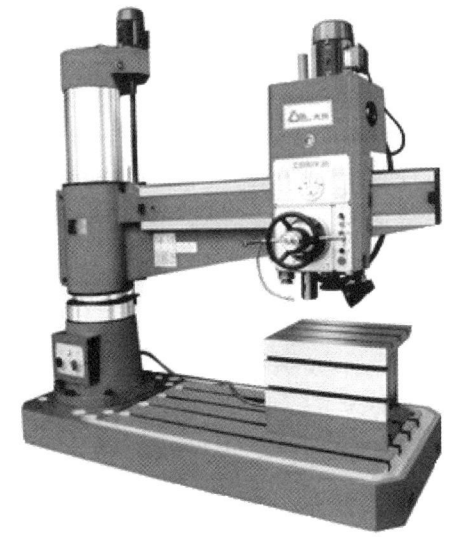

图 4-7　摇臂钻床

摇臂钻床主要由底座、内立柱、外立柱、摇臂、主轴箱及工作台等部分组成。内立柱固定在底座的一端，在他的外面套有外立柱，外立柱可绕内立柱回转360°。摇臂的一端为套筒，它套装在外立柱做上下移动。由于丝杆与外立柱连成一体，而升降螺母固定在摇臂上，因此摇臂不能绕外立柱转动，只能与外立柱一起绕内立柱回转。主轴箱是一个复合部件，由主传动电动机、主轴和主轴传动机构、进给和变速机构、机床的操作机构等部分组成。主轴箱安装在摇臂的水平导轨上，可以通过手轮操作，使其在水平导轨上沿摇臂移动。

五、带锯机的使用与维护

带锯机是制作样板及冲模时常用的设备，能在手工操作的配合下，用来锯切各种曲线形状的工件，如图4-8所示。钳工带锯机的结构和木工带锯机的结构基本类似，所不同的是钳工带锯机还附有焊接修整装置和切屑清除装置。

图4-8 带锯机

（一）带锯机的焊接修整装置

为便于调换带锯条，在带锯机的左侧附有一套由对焊机和砂轮所组成的焊接修整装置。

当带锯条出现用钝和崩齿等缺陷以及需要调换不同齿距的带锯条时，都应将带锯条放松脱落后，在原焊缝处用砂轮磨断，进行更换。当需要锯削工件上封闭式的内表面时（工件上有孔），也同样将带锯条在原焊缝处磨断，再穿入工件孔中。新更换的或已磨断的带锯条，应在对焊机上重新焊接和回火。焊接后应在砂轮上仔细修磨焊疤，直到带锯条的两平面平整光滑，可以正常运转，再重新装上使用。

（二）切屑清除装置

带锯机上附有气泵和装有风嘴的切屑清除装置。当带锯机开动时，气泵同时启动，压缩空气通过风嘴将切屑从工件锯切处吹去，以保证锯削顺利进行。

带锯机的维护保养和安全使用：

（1）开机前，应按说明书规定向各注油孔注入润滑油。

（2）锯削前，应先开空车运转几分钟，观察其运转是否正常。

（3）锯削前，应检查带锯条的松紧程度是否适中。否则，不但会影响锯削质量，而且可能发生带锯条脱出或断裂而造成事故。

（4）带锯条在修整焊缝前，应先使砂轮空转 3～5 min，观察其跳动，进行砂轮修整，然后再进行带锯条的修磨。

六、电钻的使用与维护

电钻是一种手提式电动工具，常用的有手枪式和手提式两种，如图 4-9 所示，它具有体积小、质量轻、使用灵活、携带方便、操作简单等特点。在大型夹具和模具装配及维修中，当受到工件形状或加工部位的限制不能使用钻床钻孔时，电钻就得到了广泛的使用。

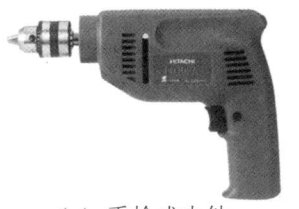

（a）手枪式电钻　　　　　　　　（b）手提式电钻

图 4-9　电钻

电钻的电源电压分单相（220 V 或 36 V）和三相（380 V）两种，规格是以最大钻孔直径来表示的。采用单相电压的电钻规格有 6 mm、8 mm、10 mm、13 mm、19 mm 等几种。采用三相电压的电钻规格有 13 mm、19 mm、23 mm 3 种。

电钻使用前，须先空运转 1 min，检查传动部分运转是否正常。如有异常现象，应先排除故障再使用。钻孔时不宜用力过猛。当孔即将钻穿时，应相应减轻压力，以防发生事故。

七、电磨头的使用与维护

电磨头属于磨削工具，适用于在工具、夹具、模具的装配调整过程中，对各种形状复杂的工件进行修磨或抛光，如图 4-10 所示。

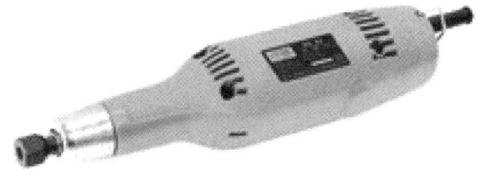

图 4-10　电磨头

电磨头使用时应注意以下几点：

（1）使用前须空运转 2~3 min，检查其运转及响声是否正常。如有异常的振动或噪声，应立即进行调整，排除故障后再使用。

（2）新安装的砂轮必须进行修整。

（3）砂轮的外径不能超过磨头铭牌上所规定的尺寸。

（4）使用时砂轮和工件的接触力不宜过大，不能用砂轮猛压工件，更不准用砂轮冲击工件，以防砂轮爆裂而造成事故。

八、电动曲线锯的使用与维护

电动曲线锯可用来锯削各种不同形状的金属薄板和塑料板，具有体积小、质量轻、携带方便、操作灵巧等特点，适用于各种形状复杂的大型样板的落料工作，如图 4-11 所示。

使用电动曲线锯时，可根据工件材料的不同，选用不同粗细的锯条。使用前，应先空运转 2~3 min，检查传动部分的工作是否正常。若不正常，应先排除故障再使用。在使用过程中如发现响声异常或温升过高，应立即停止使用，切断电源进行检查，检修后再继续使用。锯削时向前推力不宜过猛，转角半径不宜过小，防止锯条崩断，发生事故。若锯条卡住，则应立即切断电源，退出后再缓慢前进进行锯削。

图 4-11 电动曲线锯

复习思考题

1. 台虎钳由哪几部分组成？如何分类？
2. 简述台虎钳的正确使用方法。
3. 简述台虎钳的维护与保养方法。
4. 叙述万能分度头的分度方法。
5. 叙述差动分度法的原理及差动分度法的计算方法。
6. 写出砂轮机的组成与分类。
7. 叙述砂轮机使用中的注意事项。

8．简述钻床的种类及结构。
9．简述 Z512 型台式钻床的组成。
10．写出电钻的功能及规格。
11．使用电钻时应注意什么？
12．简述电磨头的功能。
13．使用电磨头时应注意什么？
14．简述电动曲线锯的功能。
15．使用电动曲线锯时应注意什么？

第二节　常用工卡量具的使用与维护

一、金属直尺的使用与维护

（一）金属直尺的用途

金属直尺是常用的量具，用以量取零件的长、宽、高、深、厚等尺寸。

（二）金属直尺的种类

常用的金属直尺有直钢尺、盒尺（卷尺）。它的刻度有米制、市制和英制 3 种。从长度看直钢尺有 1 000 mm、500 mm、300 mm 和 150 mm 等几种规格。盒尺（卷尺）有 50 m、30 m、20 m、15 m、10 m、5 m 等几种规格，常用的是 20 m、10 m 这两种。尺上的最小刻度为 0.5 mm，对 0.5 mm 以下的尺寸就要使用卡尺、下分尺等有副尺的量具来测量。

（三）金属直尺的使用方法

金属直尺的使用方法，应根据零件形状灵活掌握。
（1）测量方形零件时，测长度要使金属直尺和零件一边垂直，和另一边平行。
（2）测量圆柱形零件的长度时，要使金属直尺和圆柱的中心轴线相平行。
（3）测量圆形零件顶端的外径和孔径时，要用尺靠着零件一面的边线来回摆动，直到获得最大的尺寸，才是直径的尺寸。
（4）用金属直尺测量工件尺寸时，可能由于尺上的刻线粗细不匀，尺在工件上的方位没有放对或尺寸没有看准等原因会产生 0.3~0.5 mm 的误差。

（四）金属直尺的维护保养

金属直尺必须经常保持良好状态，不能损伤或弯曲，尺的端部和长边应相互垂直。

二、游标万能角度尺的使用与维护

(一) 游标万能角度尺的用途

游标万能角度尺适用于测量零件或样板的内外角度。

(二) 游标万能角度尺的种类

游标万能角度尺按游标刻度值分为 2′ 和 5′ 两种。尺本身的误差分别为 +2′ 和 +5′。可以测量 0°~320° 范围内的任意内角,以及 40° 以上的任意外角。

基尺刻线是按圆的 360° 等分刻的,可供使用 120° 角。游标刻线将主尺上 29° 所占有的弧长等分为 30 格,每格所对的角度为 $\left(\dfrac{29}{30}\right)°$,因此副尺 1 格与主尺 1 格相差为:$1°-\left(\dfrac{29}{30}\right)°=2′$,这个差值,就是游标万能角度尺的测量精度。

测量角度时,先看游标零线在基尺上错过几个整格,此数即为整数,再找游标上第几根刻线与主尺刻线恰好对齐,读出分数,然后把两者相加,就是所测量的角度。

使用游标万能角度尺测量角度时须先将游标万能角度尺的基尺放在被测物的基准面上,然后移动游标至被测物所需测量的角度的面上,读出基尺及游标的角度即为所测角度。

(三) 2′ 游标万能角度尺的结构

图 4-12 所示是读数值为 2′ 的游标万能角度尺。在它的扇形板 2 上刻有间隔 1° 的刻线。游标 1 固定在底板 5 上,它可以沿着扇形板转动。用夹紧块 8 可以把角尺 6 和直尺 7 固定在底板 5 上,从而使可测量角度的范围为 0°~320°。

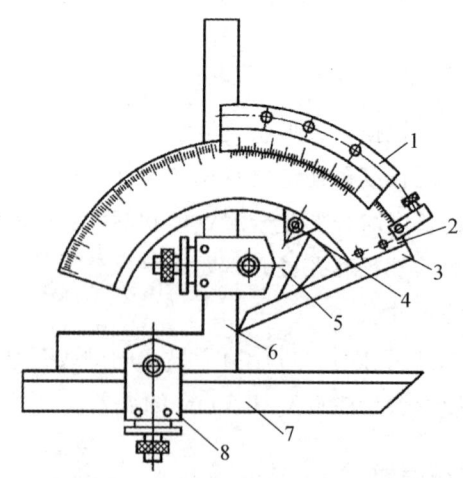

图 4-12 2′ 游标万能角度尺的结构

1—游标;2—扇形板;3—基尺;4—制动器;5—底板;6—角尺;7—直尺;8—夹紧块

（四）2′游标万能角度尺的刻线原理

扇形板上刻有 120 格刻线，间隔为 1°。游标上刻有 30 格刻线，对应扇形板上的度数为间隔 29°，则游标上每格度数 $=\left(\dfrac{29}{30}\right)^{\circ}=58'$。

扇形板与游标每格角度相差 $=1°-58'=2'$。

（五）2′游标万能角度尺的使用方法

（1）使用前检查零位。

（2）测量时，应使游标万能角度尺的两个测量面与被测件表面在全长上保持良好接触。然后拧紧制动器上的螺母进行读数。

（3）测量角度在 0°～50°范围内，应装上角尺和直尺；在 50°～140°范围内，应装上直尺；在 140°～230°范围内，应装上角尺；在 230°～320°范围内，不装角尺和直尺。

三、游标卡尺的使用与维护

（一）游标卡尺的种类

游标卡尺有米制和英制两种。我们经常使用的是米制游标卡尺。米制游标卡尺按精度分有 0.02 mm、0.05 mm、0.1 mm 3 种。

（二）游标卡尺的构成及原理

常见的游标卡尺由尺身、内量爪、尺框、紧固螺钉、深度尺、游标、外量爪组成。

0.02 mm 游标卡尺的结构如图 4-13 所示，由尺身、制成刀口形的内外量爪、尺框、游标和深度尺组成。它的测量范围为 0～125 mm。

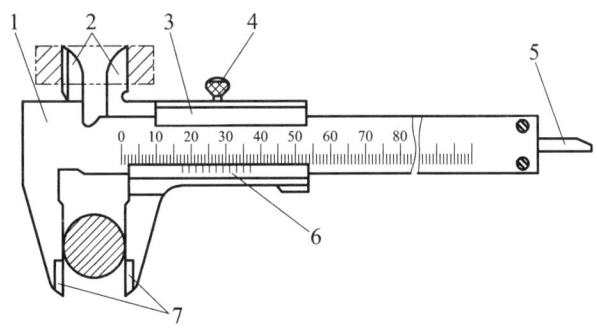

图 4-13 0.02 mm 游标卡尺

1—尺身；2—内量爪；3—尺框；4—紧固螺钉；5—深度尺；6—游标；7—外量爪

如图 4-14 所示，0.02 mm 游标卡尺的尺身上每小格为 1 mm。当两测量爪并拢时，尺身上的 49 mm 刻度线正好对准游标上的第 50 格的刻度线，则：游标每格长度=49 mm÷50=0.98 mm；尺身与游标每格长度相差=（1－0.98）mm=0.02 mm。

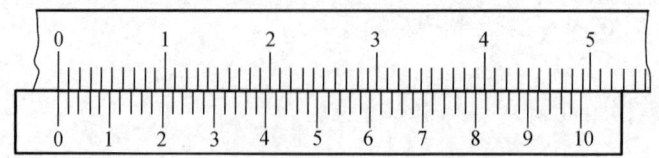

图 4-14　0.02 mm 游标卡尺刻线原理

（三）游标卡尺使用前的注意事项

（1）检查有效期：有效期应在使用期限内。

（2）检查外观：擦拭并检查卡尺表面有无锈蚀、碰伤等缺陷，量爪是否平直无损，有无伤痕和毛刺。

（3）检查各部分的相互作用：推拉尺框，检查移动是否平稳、灵活。

（4）检查零位：将两量爪合拢，检查是否漏光，检查零位是否对正。

（5）检查被测量的零件表面，不应有毛刺、损伤等缺陷，并擦拭被测量面，否则引起测量不准确。

（四）游标卡尺的使用方法

（1）在卡尺上读取数值时，应把卡尺拿平朝向亮光，使视线尽可能地和尺上所读的刻线垂直，以免因视线歪斜造成读数的误差。为了减小误差，最好在零件的同一位置上多测几次，取它的平均读数值。

（2）测量零件外部尺寸时，先把零件放置在两个张开的外量爪内，贴靠在固定外量爪上，然后用轻微的压力把活动量爪推过去，当两个量爪的测量面与零件紧靠时，即可由卡尺上读出零件的尺寸。

（3）在测量零件内部尺寸时，要使两个内量爪的测量刃口距离小于所测量的孔或槽的尺寸，然后慢慢地使活动量爪向外分开，当两个测量刃口都与零件表面相接触后，须把制动螺钉拧紧再取出卡尺，读取数值。

（4）在测量零件外径、孔径或沟槽时，量爪要放正，不能歪斜。应当在垂直于零件轴线的平面内进行测量，否则测量就不准确。

（5）用大卡尺测量大零件时，须用两手拿住卡尺。

（6）当用游标卡尺来校准卡钳的测量尺寸时，应先将游标尺按所需要的尺寸定位，然后把游标卡尺平放在手掌里，再调准卡钳。

（7）如果用带有测深杆的游标卡尺测量零件孔（槽）深度时，卡尺要与零件孔（槽）的顶平面保持垂直，再向下移动量爪，使深度尺和孔（槽）底部轻轻地接触，然后拧紧制动螺钉，取出卡尺读取数值。

（五）游标卡尺测量的注意事项

（1）测量前应将游标卡尺擦干净，量爪贴合后游标的零线应和尺身的零线对齐。
（2）测量时，所用的测力应使两量爪刚好接触零件表面为宜。
（3）测量时，防止游标卡尺歪斜。
（4）在游标上读数时，避免视线误差。

（六）游标卡尺的维护和保养

（1）游标卡尺要轻拿轻放，用完后不应和其他工具放在一起，特别不能和手锤、锉刀、錾子、车刀等刃具放在一起。
（2）游标卡尺要平放，如果随便放在不平的地方，会使主尺变形。带有深度尺的游标卡尺，测量工作完毕后，要及时将侧杆推入，防止变形甚至折损。
（3）游标卡尺不使用时，应擦拭干净、涂油，放在专用的盒内。
（4）不能把游标卡尺放在带有磁场的物体附近，以免使卡尺磁化。
（5）游标卡尺刻度表面生锈或积结污物，不应使用砂布或研磨砂来擦除，如需清洁时，只能用极细的研磨膏仔细地进行擦拭。

四、千分尺的使用与维护

（一）千分尺的结构

图 4-15 所示是测量范围为 0～25 mm 的千分尺，它由尺架、测微螺杆、测力装置等组成。

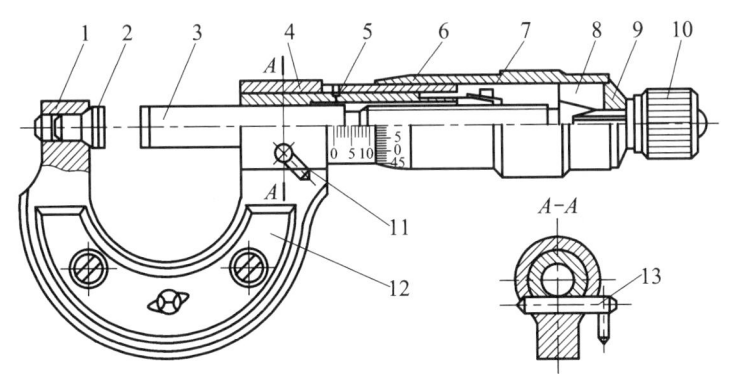

图 4-15 千分尺

1—尺架；2—测砧；3—测微螺杆；4—螺纹轴套；5—固定套筒；6—微分筒；7—调节螺母；
8—接头；9—垫片；10—测力装置；11—锁紧机构；12—绝热片；13—锁紧轴

（二）千分尺的刻线原理

千分尺测微螺杆上的螺纹，其螺距为 0.5 mm。当微分筒 6 转一周时，测微螺杆 3 就轴向移进 0.5 mm。固定套筒 5 上刻有间隔为 0.5 mm 的刻线，微分筒圆周上均匀刻有 50 格。因此，当微分筒每转一格时，测量螺杆就移动：0.5 mm÷50=0.01 mm，故该千分尺的分度值为 0.01 mm。

（三）千分尺使用前的注意事项

（1）检查有效期：有效期应在使用期限内。

（2）检查外观：检查零件或附件是否齐全；检查千分尺和测微螺杆有无锈蚀、碰伤等缺陷，是否有磁化现象。

（3）检查各部分的相互作用：检查微分筒在固定套筒上移动是否平稳、灵活；检查锁紧机构作用是否良好。

（4）检查零位：将千分尺两个测量面擦净，转动调节螺母，使两测量面轻轻地接触，当听到"咔咔"声音时，检查有无间隙，是否漏光及零位是否对正。

（5）测量前，要把被测量零件的毛刺去掉并擦拭干净。

（四）千分尺的读数方法

先读出固定套筒上的毫米刻度（在 0.5 mm 刻度的千分尺上能读出半毫米），再读微分筒上的（1/100）mm 数，然后把两个读数加起来，就是所测量零件的尺寸。

（五）千分尺的使用方法

（1）测量前，转动千分尺的测力装置，使两测砧面靠合，并检查是否密合；同时看微分筒与固定套筒的零线是否对齐，如有偏差应调整固定套筒对零。

（2）测量时，用手转动测力装置，控制测力，不允许用冲力转动微分筒。千分尺测微螺杆的轴线应与被测零件表面贴合垂直。

（3）读数时，最好不取下千分尺进行读数。如需要取下读数，应先锁紧测微螺杆，然后轻轻取下千分尺，防止尺寸变动。读数时要看清刻度，不要错读 0.5 mm。

（4）当测量小型零件必须使用左手握着零件进行测量时，可用右手单独操作。

（5）测量较大型零件时，要把零件适当安放后，再进行测量。

（6）不能用千分尺对旋转着的零件进行测量。

（六）千分尺的维护和保养

（1）千分尺应经常保持清洁，不能随便放在肮脏的地方，更不应和其他工具、刀具堆放在一起。

（2）千分尺用完后，应擦拭干净放在专用的盒内。千分尺的两个测量面应稍离开一些，以免发生腐蚀现象。

（3）不能把千分尺放在磁场附近，避免磁化。

五、百分表的使用与维护

（一）结构与传动原理

百分表是利用齿条、齿轮机构制成的钟面式通用长度测量工具，主要用于测量制件的尺寸、形状和位置误差等。

如图 4-16 所示，百分表的传动系统由齿轮、齿条等组成。测量时，当带有齿条的测量杆上升，带动小齿轮 z_2 转动，与 z_2 同轴的大齿轮 z_3 及小指针也跟着转动，而 z_3 又带动小齿轮 z_1 及其轴上的大指针偏转。游丝的作用是迫使所有齿轮作单向啮合，以消除由于齿侧间隙而引起的测量误差。弹簧是用来控制测量力的。

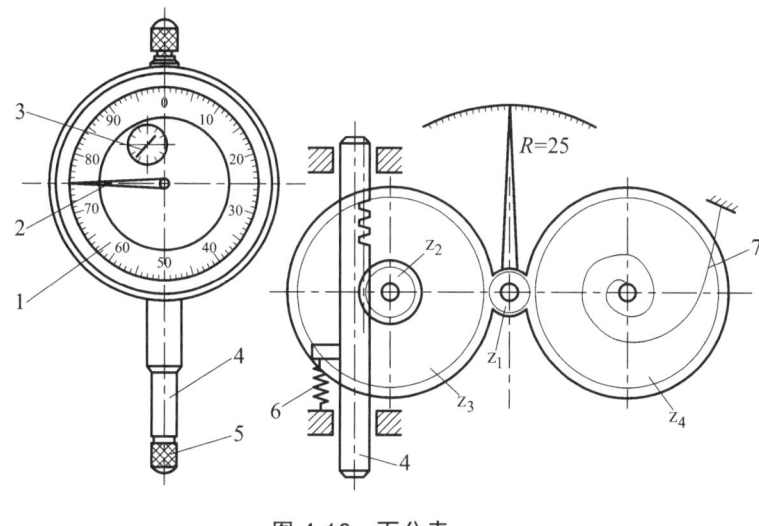

图 4-16　百分表

1—表盘；2—大指针；3—小指针；4—测量杆；5—测量头；6—弹簧；7—游丝

（二）刻线原理

测量杆移动 1 mm 时，大指针正好同转一圈。而在百分表的表盘上沿圆周刻有 100 等分格，则其刻度值为 1 mm/100 = 0.01 mm。测量时当大指针转过 1 格刻度时，表示零件尺寸变化 0.01 mm。该百分表的分度值为 0.01 mm。

（三）百分表的使用方法

（1）测量前，检差表盘和指针有无松动现象。检查指针的平稳性和稳定性。

（2）测量时，测量杆应垂直零件表面。如果测圆柱，测量杆还应对准圆柱轴中心。测量头与被测表面接触时，测量杆应预先有 0.3～1 mm 的压缩量，保持一定的初始测力，以免由于存在负偏差而测不出值。

（四）百分表的维护与保养

（1）百分表与表架在表座上固定时，须相当稳固，以免造成倾斜或动摇现象。对于磁性百分表座，一定要注意检查按钮的位置。

（2）测量杆及测量头，不应沾有油污，否则会使测量杆失去原有灵敏性或易把赃物带入表内。

（3）测量时，百分表的测量杆应与被测量的零件表面相垂直，否则影响尺寸的测量精度。

（4）用百分表检验零件时，应避免受振动。因为在振动的场合下，不能使指针指示准确位置。

（5）在刻度盘上观察读数时，视线应与盘面垂直。因为指针与盘面之间有距离，视线歪斜时，会造成读数过大或过小。

（6）在同一检验过程中，不应调换百分表，因为它们本身的制造精度不完全相同，因此中途换表，很难得出完全一致的读数。

（7）测量时，要注意不要使测量杆移动距离过大，也不能使测量杆突然落到零件上，不要把零件强行推入测量头下，这样做都会影响百分表的精度，甚至损坏百分表。

（8）百分表使用完后，要及时从表架上取下，擦干净后放入专用盒中。

六、量块的使用与维护

（一）量块的用途

量块是一种精密检验工具，是检验工具或工件长度的用具，也用于调整测量仪器、量具的尺寸。

（二）量块的分类及特性

常用的量块形状是长方形，它是用优质钢经热处理、老化处理、研磨制成，是厚度极为精确的长方形金属块。量块通常是成套生产（每套量块中，包括一定数量的不同公差尺寸的量块），装在一个专用的木盒里，以便保管和取用。

成套量块块数、公称尺寸范围及精度如表4-2所示。

表 4-2　成套量块块数、公称尺寸范围及精度

套别	块数	公称直径范围/mm	精度等级	套别	块数	公称直径范围/mm	精度等级
一	87	0.5～100	0，1，2，3	九	12	100～1000	0，1，2，3
二	42	1～100	1，2，3	十	20	0.1～0.29	0，1，2，3

续表

套别	块数	公称直径范围/mm	精度等级	套别	块数	公称直径范围/mm	精度等级
三	116	0.5～100	0，1，2，3	十一	43	0.3～0.9	0，1，2，3
四	10	2～2.009	0，1	十二	23	0.12～3.5	1，2
五	10	1.991～2.0	0，1	十三	20	5.12～100	1，2
六	10	1～1.009	0，1	十四	7	21.2～175	3
七	10	0.991～1	0，1	十五	4	1.5～2	1，2，3
八	10	125～500	0，1，2，3				

（三）量块的使用

长方形的量块，每块有两个相互平行的测量面，两测量面间的尺寸为测量尺寸，也叫做量块的尺寸。

量块的测量面非常光滑平整，如果将两个量块测量面相接触，再用力推压，即可使其黏在一起，用同样办法可使几块密贴在一起，拿一块就能把其余几块带起来。由于量块具有这种黏合性，因此在使用时，可把不同尺寸的量块组合成量块组。量块组的尺寸就是各块尺寸的总和。把量块组成一定尺寸时，首先应确定组成量块组的尺寸，然后再从盒内选出。拼凑量块组时，选取的块数越少越好，一般不超过4块。

（四）量块的维修和保养

（1）组合量块时，不要用力过大，特别是对小尺寸的量块更应注意，否则会使量块扭弯和变形。在组合过程中，应避免用手触摸量块测量面，以免影响精度。量块组合后，要检查是否密贴牢固，并要防止在使用中跌落受损。

（2）组合在一起的量块组用完后，要及时拆开。拆时应沿着它的测量面长度边的平行方向滑动分开，并擦干净。

（3）注意温度的影响。

（4）量块要轻拿轻放。如在桌子放置量块时，只许非工作面和桌面接触。

（5）用完后的量块，要用软布擦干净，再涂凡士林，以防生锈。不许将量块散放在盒外面，更不能和其他工具、刃具堆放在一起。

七、塞尺的使用与维护

（一）塞尺的构造

如图4-17所示，塞尺是由一组不同厚度的薄钢片并用销钉将其一端组合在一起而构成的。每片上面都刻有自身厚度的尺

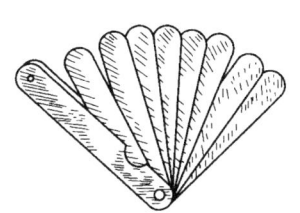

图4-17 塞尺

寸，使用时可将其展开成扇形状。

（二）塞尺分类及规格

目前国产成套塞尺的规格如表 4-3 所示。

表 4-3 塞尺规格　　　　　　　　　　　　　　　　　　　　单位：mm

组别	尺寸范围	尺寸排列
1	0.02～0.10	0.02，0.03，0.04，0.05，0.06，0.07，0.08，0.09，0.10
2	0.03～0.50	0.03，0.04，0.05，0.06，0.07，0.08，0.09，0.10，0.15，0.20，0.25，0.30，0.35，0.40，0.45，0.50
3	0.03～0.50	0.03，0.04，0.05，0.06，0.07，0.08，0.09，0.10，0.15，0.20，0.30，0.40，0.50
4	0.05～1.00	0.05，0.06，0.07，0.08，0.09，0.10，0.15，0.20，0.25，0.30，0.40，0.50，0.75，1.00
5	0.50～1.00	0.50，0.55，0.60，0.65，0.70，0.75，0.80，0.85，0.90，0.95，1.00

（三）塞尺的用途

机械钳工在机械制造和修理过程中，经常用塞尺来测量工件配合的间隙大小，或用它与平尺、等高垫块配合起来，检验工作台台面的不平度。它的工作尺寸一般为 0.02～1 mm，测量时的精度为 0.01 mm。

（四）塞尺的使用

使用塞尺检验间隙时，要先用较薄的试塞，逐步加厚，也可组合成数片进行测量。

（五）塞尺的维护保养

因为塞尺很薄，容易折断、生锈，使用时应细心。用完后，要立即擦干净，并及时合到夹板里面去。

八、卡钳的使用与维护

（一）卡钳的分类

卡钳有测量外径尺寸和内径尺寸两种。测量外径尺寸的卡钳用于测量零件的厚度、宽度及外径等，叫做外卡钳。测量内径尺寸的卡钳用于测量孔及沟槽等尺寸，叫做内卡钳。

（二）卡钳的特性

卡钳一般用工具钢制成。近年来，用不锈钢制成的卡钳正在逐渐被推广使用。

（三）卡钳的调整

调整卡钳的开度时，先用两手作大致调整，到开度接近需要的大小时，再像图 4-18 所示那样，用轻轻敲击两脚的办法，细心进行调节。图 4-18 中 1 图是需要由小调大的情况。图 4-18 中 2 图是由大调小的情况。

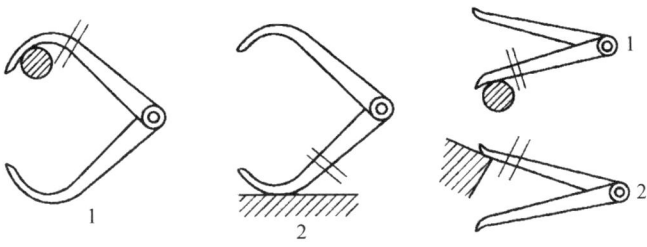

图 4-18 卡钳的调整

（四）卡钳的使用

（1）用卡钳测量零件尺寸时，它的两脚接触零件的松紧程度，可由手的感觉判断出来。使用卡钳很熟练的工人，若配合外径千分尺，可以判断 0.01 mm 以内的误差。

（2）使用卡钳测量工件直径及宽度时，应使工件与卡钳成直角状态。测量的松紧程度，是在不加外力，以卡钳自重下垂的情况为适宜，但也应结合机件的大小来决定。

（3）外卡钳所测的尺寸须在金属直尺上校量后才能知道。如图 4-19 所示，从金属直尺上量取尺寸时，应将卡钳的一脚，靠在金属直尺的端面上，另一脚顺着金属直尺边缘平行地置于尺上面，并用眼睛正对钳口所指刻线看过去，才能读得正确尺寸。

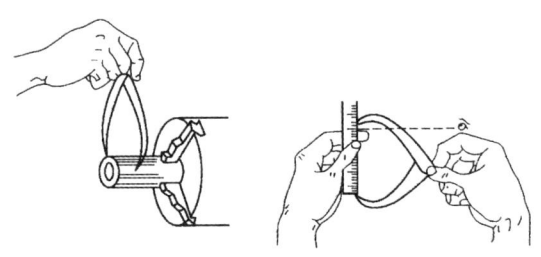

图 4-19 外卡钳的使用

（4）用内卡钳测量零件内孔时，应先把卡钳的一脚靠在孔壁上作为支撑点，而用另一卡脚前后左右摆动进行探试，以便获得接近孔径的最大尺寸。用内卡钳从金属直尺上取尺寸的方法如图 4-20 所示。先将金属直尺一端靠在很平的平面上，观察另一个卡脚在金属直尺刻线上的位置，读出尺寸。

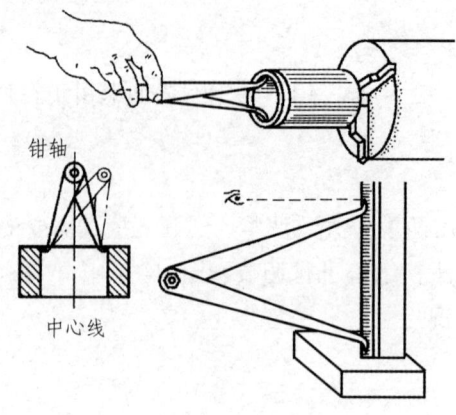

图 4-20　内卡钳的使用

（五）卡钳使用的注意事项

（1）调节卡钳的开度时，应轻敲卡脚，不应敲击钳口，因为两钳口是工作面，不能损伤。

（2）检验零件时，不能将外卡钳用力压下，也不能把内卡钳强行塞入孔或沟槽内，否则会使卡钳两脚扭动，得不到准确的尺寸。

（3）定好尺寸的卡钳，不要乱放。

（4）检验或测量零件时，卡钳必须放正，如果斜歪，测出的尺寸就不正确。

（5）不能在旋转的零件上去测量尺寸，因为这样做会使钳口磨损，不易量出正确尺寸，甚至会引起其他事故。

复习思考题

1．金属直尺的种类有哪些？
2．简述金属直尺的使用方法。
3．简述金属直尺的维护保养方法。
4．游标万能直角尺的用途是什么？有哪些类型？
5．简述2′游标万能直角尺的结构及刻线原理。
6．简述2′游标万能直角尺的使用方法。
7．游标卡尺的种类有哪些？
8．游标卡尺使用前的注意事项有哪些？
9．游标卡尺测量的注意事项有哪些？
10．简述游标卡尺的维护和保养方法。
11．千分尺使用前的注意事项有哪些？
12．简述千分尺的读数方法。
13．简述千分尺的使用方法。
14．简述百分表的刻线原理。

15．简述百分表的使用方法。
16．简述量块的用途、分类与特性。
17．简述量块的使用方法。
18．塞尺有什么用途？
19．简述塞尺的使用方法。
20．卡钳有哪些类型？
21．卡钳使用时有哪些注意事项？

第三节　专用工量具的使用与维护

一、轨道交通车辆车轮第四种检查器

轨道交通车辆车轮第四种检查器主要是采用铁路的专用设备——LLJ-4A 型铁道车辆车轮第四种检查器，是测量车轮轮缘踏面相关尺寸及缺陷的一种专用检测量具。该种检查器以车轮踏面滚动圆（即距车轮内侧面 70 mm 处的基线）为测量基准，符合铁路总公司的有关规定及国际上通用的测量方法。轮缘厚度的测点与车轮踏面滚动圆的距离始终保持恒定，不会因车轮踏面磨耗而改变。

（一）测量功能

LLJ-4A 型铁道车辆车轮第四种检查器结构简单、功能齐全、操作方便、测量准确，能够满足车辆制造和检修部门对车轮轮缘踏面检测的需要。它具有测量车轮踏面圆周磨耗、轮缘厚度、轮缘垂直磨耗、轮缘高度、轮辋宽度、轮辋厚度、踏面擦伤深度和长度、踏面剥离深度和长度、车钩闭锁位钩舌和钩腕内侧距离等 11 种测量功能。

（二）结构形式

轨道交通车辆车轮第四种检查器结构，如图 4-21 所示。
主尺 1 为直角形，其垂直尺身（又称轮辋厚度测尺 8）正面刻有长度双刻度线，水平尺身的背面刻有车轮滚动圆定位刻线 12。踏面圆周磨耗测尺 3 和轮缘厚度测尺 9，通过踏面圆周磨耗测尺框 2 和轮缘厚度测尺框 10 组合在一起，从而形成整体的联动结构形式。
为保证车轮检查器测量操作的稳定和数据准确可靠，在轮辋厚度测尺 8 的背面装有定位角铁。

（三）型号及规格

轨道交通车辆车轮第四种检查器结构型号及规格如表 4-4 所示。

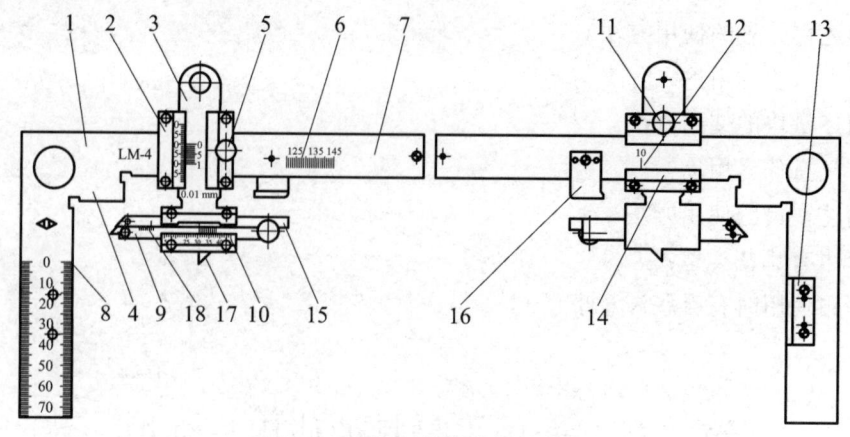

图 4-21 第四种检查器结构图

1—主尺；2—踏面圆周磨耗测尺框；3—踏面圆周磨耗测尺；4—轮缘高度测量定位面；5—尺框紧固螺钉；
6—轮辋宽度测尺；7—止钉；8—轮缘厚度测尺；9—轮缘厚度测尺；10—轮缘厚度测尺框；
11—踏面磨耗尺紧固螺钉；12—主尺背面滚动圆定位刻线；13—定位角铁；
14—踏面磨耗尺框背面滚动圆刻线；15—垂直磨耗测尺；16—定位挡块；
17—踏面磨耗测头；18—垂直磨耗刻线

表 4-4 第四种检查器结构型号及规格

项目 \ 型号	LLJ-4A
测量车轮的轮缘踏面形式	TB1967-87 磨耗型（LM 型）轮缘踏面
轮缘厚度测点距车轮踏面滚动圆的垂直距离/mm	12
轮辋厚度测尺宽度/mm	25
滚动圆中心定位线/mm	70

（四）使用方法

测量车轮踏面圆周磨耗、轮缘厚度及轮缘垂直磨耗、轮缘高度、轮辋厚度、轮辋宽度、踏面擦伤及剥离深度等项目时，均须将尺身平面与车轮半径相重合，并将轮缘厚度测尺 9 紧紧贴靠在车轮内侧面上，轮缘顶点接触检查器的轮缘高度测量定位面 4，再根据不同的测量内容进行相应调整。

（1）测量车轮踏面圆周磨耗、轮缘厚度及轮缘垂直磨耗、轮缘高度、轮辋厚度等项目时，均须将踏面磨耗尺框背面滚动圆刻线 14 与主尺背面滚动圆刻线 12 对正，拧紧踏面圆周磨耗尺框紧固螺钉 5。

（2）测量车轮踏面擦伤及剥离深度等项目时，均须将车轮踏面磨耗测头 17 对准擦伤或剥离最深处。

（3）测量车轮轮辋宽度时，须将踏面圆周磨耗尺框 2 外移，使车轮踏面磨耗测头 17 的内侧面贴靠在轮辋外侧面上。

(五)各种检测量的检测方法

测量踏面圆周磨耗、轮辋厚度、轮缘厚度、轮缘高度如图 4-22 所示。

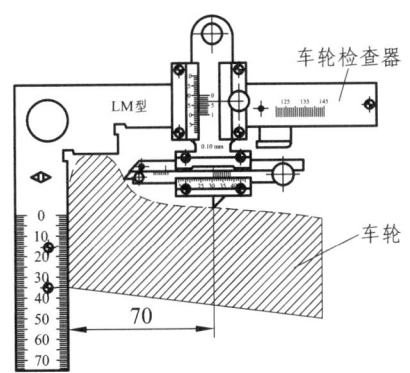

图 4-22　测量踏面圆周磨耗、轮辋厚度、轮缘厚度、轮缘高度示意图

1. 踏面圆周磨耗

推动踏面圆周磨耗测尺 3，使其测头 17 接触车轮踏面，读取踏面圆周磨耗测尺 3 上面刻线与踏面圆周磨耗尺框 2 刻线相重合的数值，即为踏面圆周磨耗数值。

测量范围：–5~10 mm；

分度值：0.10 mm。

2. 轮缘厚度

测量踏面圆周磨耗的同时，推动轮缘厚度测尺 9，使其测头接触轮缘，读取轮缘厚度测尺 9 上面主刻线与轮缘厚度尺框 10 刻线相重合的数值，即为轮缘厚度数值。

测量范围：15~40 mm；

分度值：0.10 mm。

3. 轮缘高度

用标准轮缘高度数值（27 mm）加上踏面圆周磨耗正、负数值，即为实际轮缘高度数值。

4. 轮辋厚度

读取轮辋内侧边缘与轮辋厚度测尺 8 内侧刻度线对立数值，再减去踏面圆周磨耗数值，即为轮辋厚度。

测量范围：0~75 mm；

分度值：1 mm。

5. 垂直磨耗

测量轮缘厚度的同时，推动垂直磨耗测尺 15，读取其上刻线与垂直磨耗刻线 18 相重合的数值，如果数值大于零，说明车轮轮缘垂直磨耗到限。

测量范围：-3~3 mm；

分度值：1mm。

6. 轮辋宽度

如图 4-23 所示，将踏面圆周磨耗尺框 2 推向右侧，使踏面圆周磨耗测尺 3 的测头 17 贴靠（或指向）车轮外侧面，读取踏面圆周磨耗尺框 2 左侧面对应轮辋宽度测尺 6 的数值，即为轮辋宽度。如果踏面有辗宽，应减去踏面辗宽数值，即为轮辋实际宽度。

测量范围：122~145 mm；

分度值：1 mm。

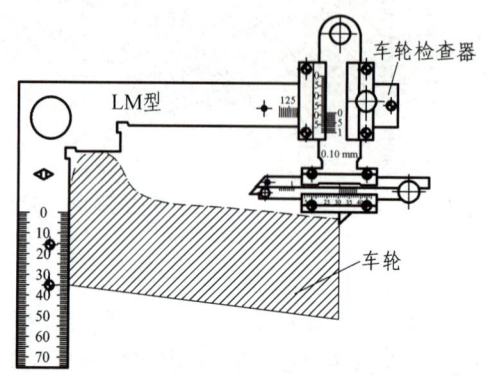

图 4-23　测量轮辋宽度示意图

7. 踏面擦伤深度

移动踏面圆周磨耗尺框 2 和踏面圆周磨耗测尺 3 使踏面圆周磨耗测头 17 对准踏面擦伤部位最深处，并紧固踏面圆周磨耗尺框紧固螺钉 5，读取踏面圆周磨耗尺 3 上面刻线与踏面圆周磨耗尺框 2 刻线相重合的数值，做好记录，然后沿车轮圆周方向移动主尺 1，测量同一圆周未擦伤部位的踏面圆周磨耗深度，两个量值的差值，即为踏面擦伤深度。

测量范围：-5~10 mm；

分度值：0.10 mm。

8. 踏面擦伤长度

用车轮检查器的轮辋厚度测尺 8 的外刻线，沿车轮圆周方向测量擦伤部位的长度，即为踏面擦伤长度。

测量范围：0~75 mm；

分度值：1 mm。

9. 踏面剥离深度

测量方法与踏面擦伤深度的测量方法相同。

10. 踏面剥离长度

测量方法与踏面擦伤长度的测量方法相同。

11. 车钩闭锁位钩舌与钩腕内侧距离的测量

如图 4-24 所示,用检查器垂直尺身 8 外形尺寸 135 mm 的长度,水平插向钩舌与钩腕内侧之间,上、中、下位置测量 3 点,其中有一处能通过时即为不合格。

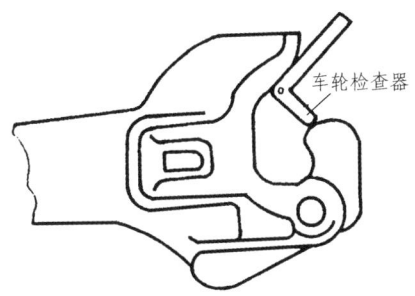

图 4-24　测量车钩闭锁位钩舌与钩腕内侧距离示意图

注意:利用定位挡块 16 对齐滚动圆定位刻线 12、14 的方法:先把尺框 2 推向最左侧,再把踏面磨耗测尺 3 推向最上方,将尺框 2 向右拉,拉不动为止,拧紧紧固螺钉 5 即可。

二、轨道交通车辆轮对内距尺

轨道交通车辆轮对内距尺是用于测量车辆车轮轮对内侧距离的专用计量器具,与铁路所使用的器具是通用的。

(一)规格、型号、精度及测量范围

常用的轮对内距尺的规格、型号、精度及测量范围如表 4-5 所示。

表 4-5　轮对内距尺的规格、型号、精度及测量范围　　　单位:mm

型号	测量精度	分度值	测量范围	说明
LLJ-NJ-A	0.50	0.50	1 345～1 365	整体式
LLJ-NJ-B				组合式

(二)结构形式

(1)整体式轮对内距尺 LLJ-NJ-A 型结构如图 4-25 所示。

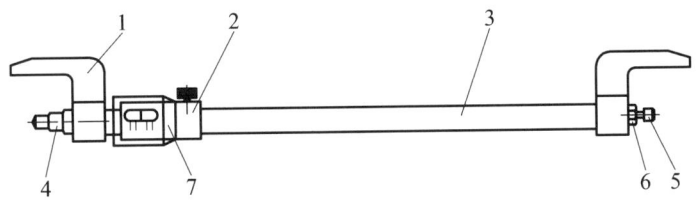

图 4-25　LLJ-NJ-A 型结构图

1—限位钩;2—示值标套;3—尺身;4—活动测杆;5—调整测头;6—锁紧螺母;7—放大镜

该内距尺由原壁钢管、高硬带有调整尺寸的测量头、0.5 mm 刻线分度尺及放大镜装置组成。

（2）组合式轮对内距尺 LLJ-NJ-B 型结构如图 4-26 所示。

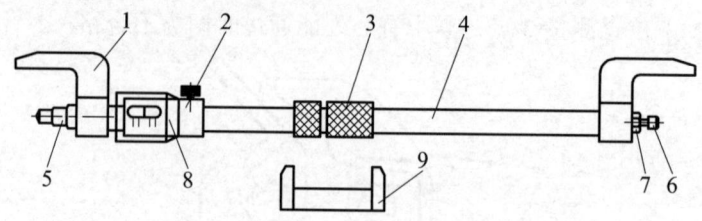

图 4-26　LLJ-NJ-B 型结构图

1—限位钩；2—示值标套；3—接杆连接器；4—尺身；5—活动测杆；6—调整测头；
7—锁紧螺母；8—放大镜；9—校对块

该内距尺在 LLJ-NJ-A 型内距尺的基础上尺身一分为二，由一套接杆连接器和校对块组成，目的是便于携带。

（三）使用方法

（1）用于现场作业，检测、测量车轮轮对内距前，拉动活动测杆是否运动平稳、灵活，无卡紧或松动现象，内部弹簧工作可靠，螺母紧固是否可靠，放大镜目视清晰，无破损等影响测量的现象。

（2）组合式轮对内距尺 LLJ-NJ-B 型使用时先装配接杆连接器，对准凸凹口插入贴紧后，旋转螺扣，用校对块检查连杆连接器的两端面符合校对块的内距离，即符合内距尺整体尺寸精度，表示经反复拆卸的内距尺整体尺寸精度没有变化，否则重新装配或检查问题所在。

（3）内距尺在使用时，检测车轮轮对内距时，限位钩要紧贴在轮缘顶部，活动测杆与示值标套所对应的读数即测量数值。

（四）注意事项

（1）量具严防磕碰、摔伤等现象，以免影响量具的尺寸精度。
（2）示值标套内经常放置一些润滑油，保证活动测杆在内活动灵便。
（3）使用后，应将量具放置在包装盒内。

三、轨道交通车辆轮径尺

轨道交通车辆车轮轮径尺是用于对铁路和轨道交通的机车、车辆车轮滚动圆（踏面）直径测量的专用检查器具。

（一）检测车轮直径范围

1. 机车轮对

内燃机车车轮：960～1 060 mm；

电力机车车轮：1 160～1 260 mm。

2．车辆车轮

客车车轮：820～960 mm；

货车车轮：740～860 mm。

（二）规格、型号及精度

常用的几种轮径尺的规格、型号和精度如表 4-6 所示。

表 4-6　几种轮径尺的规格、型号和精度

种类	型号	测量精度、分度值/mm		备注
		绝对测量	相对测量	
内燃机车车轮	JLJ-LJ-B	0.10	0.01	带微动装置
电力机车车轮	JLJ-LJ-C	0.10	0.01	带微动装置
客车车轮	LLJ-LJ-A-V	0.10	0.01	带微动装置
	LLJ-LJ-A	0.10		带微动装置
货车车轮	LLJ-LJ-B	0.10		带微动装置

（三）结构特点

轮径尺按是否带微动装置（千分尺）来划分：

（1）不带微动装置 LLJ-LJ-A 型、LLJ-LJ-B 型轮径尺。

这两种类型的轮径尺是由尺体、左右测尺、左右尺框、游标、测头及放大镜装置等组成，如图 4-27 所示。

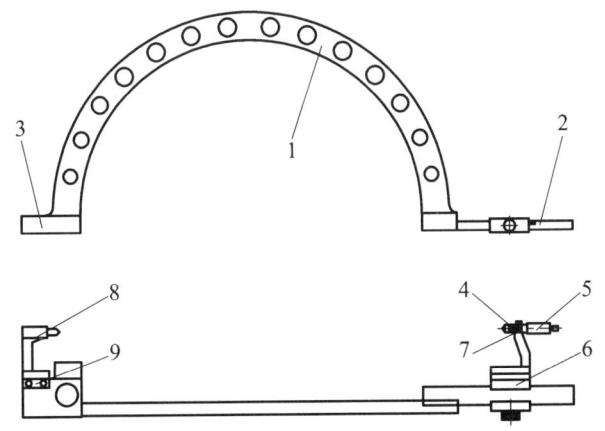

图 4-27　不带微动装置轮径尺结构图

1—尺体；2—右测尺；3—左固定尺框；4—右测头；5—微分筒；6—游标；
7—紧固螺钉；8—右测头；9—磁性基准块

（2）带微动装置 JLJ-LJ-B 型、JLJ-LJ-C 型、LLJ-LJ-A-V 型轮径尺。

这 3 种类型的轮径尺是由尺架（不锈钢管），一端由测尺、尺框、游标和带微动装置测头，而另一端由磁性基准块及固定测爪、带可调测头组成，如图 4-28 所示。

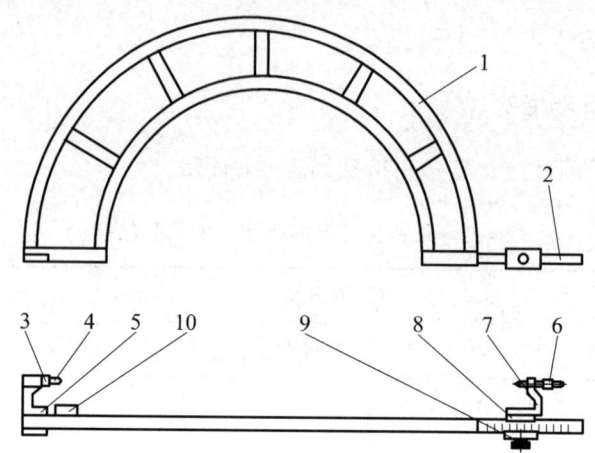

图 4-28　带微动装置轮径尺结构图

1—尺架；2—测尺；3—可调测头；4—紧固螺母；5—固定测爪；6—微分筒测头；
7—活动测爪；8—尺框；9—游标；10—磁性基准块

（四）使用方法

用于现场作业，检测、测量车轮前，先将左测头及磁性挡块装在左侧固定尺框上，如图 4-29 所示，再将右侧尺框装在右侧尺上（装尺框前先将止挡螺钉卸下，把尺框装好后再将该螺钉拧上）。移动尺框是否运动平稳，微分筒转动灵活，不应有阻滞现象，各紧固锁紧和调整装置可靠。

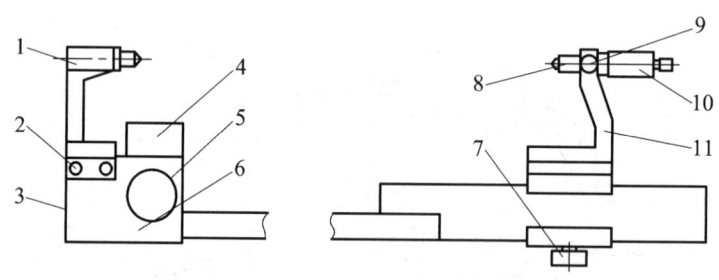

图 4-29　检测调整设备图

1—左测头；2—2×M6 内六角螺钉；3—弧面；4—磁性基准块；5—2×M6 内六角螺钉；6—左固定尺框；
7—紧固螺钉；8—右测头；9—紧固螺钉；10—微分筒；11—右固定尺框

带微动装置的 LJ-LJ-B 型、JLJ-LJ-C 型、LLJ-LJ-A-V 型轮径尺，使用前也应用校准检测轮径尺的尺寸精度，但是先将左测尺的游标"0"位刻线对正校准杆所标的尺寸刻线。并用紧固螺钉紧固尺框，转动微分筒棘轮，使之对准微分筒的零刻线方能使用。否则需调整相应测头和微分筒使之对零，然后紧固好，方能用于检测。每件轮径尺带 3 把调整扳手，其中一件为调整微分筒扳手。

在使用轮径尺时,由一人或两人操作。将左固定尺框弧面置于测车轮根部钢轨上,磁性基准块与钢轨贴合,带微分装置轮径尺用于单个车轮绝对测量时,需要微分筒的"0"位对正,并用紧固螺钉固定千分尺测杆,移动尺框游标刻线对应主尺的刻线,即车轮滚动圆直径尺寸。而对于多个(一组)车轮相对测量时,先需大致紧固对应测尺尺寸刻度的尺框,移动微分筒棘轮机构,分别测量每个车轮,即得到各个车轮的相对尺寸。

(五)注意事项

(1)量具严防磕碰、摔伤等现象,以免影响量具的尺寸精度。
(2)校准杆每次用后,两端头涂上防锈油,以免锈蚀。
(3)轮径尺使用后,应平放在盒内。

复习思考题

1. 第四种检查器有什么功能?
2. 车轮第四种检查器检测哪些量?是如何检测的?
3. 简述轮对内距尺的使用方法。
4. 车轮轮径尺有哪些类型?使用时应注意什么?

第五章　城市轨道交通车辆维修主要设备

各地铁公司电动列车的检修修程主要采用自修和委托外修的检修方式。随着地铁车辆维修工作的深入开展，对地铁列车车辆检修设备的配置和应用的认识也在不断地提高。在新建一条线，新建一个段（场）时，对合理地配备车辆维修所需检修设备，特别是对城市轨道交通网络化运营条件下的车辆维修资源共享（段、场设备的配置）的问题有了一个新的认识。在充分利用社会资源，减少投资规模，杜绝重复投资，满足各项修程的需要等问题上已达成了广泛的共识。

根据地铁车辆检修设备的配置原则，可将维修设备分为通用设备和专用设备两种。通用设备有：起重运输设备、机械加工设备、探伤设备、焊接设备、动力设备和计量化验设备。专用设备有针对列车检修用的：拆装设备、检测试验设备、专用切削设备、清洗设备、起重提升设备、救援设备、非标设备和专用工装。不同的修程，涉及使用的设备也不同。

第一节　车辆维修设备的配置

随着我国引进一批高性能、高技术的电客车辆后，国产车辆也开始大量采用新技术，与之配套使用的车辆维修设备标准也相应提高，车辆维修基地（停车库、定修段、车辆段）的设备配置有了一个基本模式，摒弃了过去大而全、小而全的形式，向着城市轨道交通网络化运营条件下的车辆维修资源共享的方向发展。利用社会化、专业化服务资源进行互补，避免重复配置造成建设初期投资成本高，运营期间设备维修成本大（设备的闲置和损坏），维修能力浪费的情况出现。

一、配置原则

地铁车辆维修设备的配置应遵循下列基本原则：按基本需求、按专业（工艺）需求和特殊要求进行配置。

（1）按基本需求配置：以各段场的功能为依据，配备生产运营的基本设备；满足电客列车维修等级的需求，分停车场（定修段）、车辆段两种需求配置。

（2）按专业需求配置：根据各段的车型、部件专业维修的布点，配备相应的专用（共享）设备。

（3）按特殊要求配置：以运营安全为依据，配备专业性较强的特种设备；对特殊设备（如起复救援设备）应从多线合用、品种齐全、功能完善的角度考虑，对磨轨车等投资大的特殊专业设备应在多线运行的基础上配置。

设备配置的基本要求是：设备具有先进性、专业性，必须安全、可靠、高效。

二、电客列车一般修理（定修以下）的设备基本配置

列车检修设备的配置数量、种类主要取决于列车的配属数量和检修能力，配属车辆数与运营线路的长度、行车间隔时间及执行的检修修程标准有关。目前，国内有地铁运行的城市，地铁列车的配置数、车型和检修标准不尽相同，但在列车维修时的修理范围、采用的维修标准、工艺流程和规模相差无几，唯一有较大区别的是检修周期设置。

综合国内已开通运行的地铁线路以及在建地铁的城市中，列车低修程的维修模式，设备配置大同小异。就目前执行的列车修程为列检（日检）、周检、月检、双（三）月检、临修，均以互换修为主，进行车辆各种零部件的定期检查和更换。一般修程（包括临修），必须完成对运行列车在运行时发生的车轮踏面擦伤、剥离、磨耗进行修正复原，完成列车车载设备、车下悬挂部件、牵引电机、电气箱、单元制动机故障修复和更换，完成车顶设备（空调机组、受电弓）的修复，以及完成列车的日常清洗等工作。配套的设备分3种：专用设备，通用设备，特殊设备。

大型专用设备有：不落轮镟床、地面（移动式）架车机、地下（固定式）架车机、列车自动清洗机等。

小型专用设备有：列车蓄电池充放电设备、空调机组专用检测设备、空调机组抽真空充液设备、蓄电池运输车、蓄电池（柴油）叉车、列车车顶吊装设备（行车、悬臂吊）、场内调机车组（轨道车和内燃机车）、列车运行在线检测装置（测量轴温、车体下悬挂物检测等功能）、电气部件检修设备、专用仪器仪表、试验台等。

通用设备：指常用的车、钳、刨、铣等金属切削设备，动力设备等。

三、列车维修（架大修）的设备专业配置

列车大修程检修等级分为：大修、架修、定修、部件修，检修周期的确定为列车运行公里数或使用年限中二者选一，以先到为准。

目前，国内已做过地铁车辆大修工作的只有少数几个城市的地铁公司。按大修规程：应对列车进行架车、解体；转向架构架探伤、整形；轮对的分解、检查；牵引电机分解、检查、更换零部件、性能测试；车门门页整形、气缸更换；车体重新油漆以及静调、动调；最终恢复列车的出厂标准（或大修标准）。而架修规程规定只对车体进行架车、基本解体。对走行部分及牵引电机等主要部件进行检查、测试和修理。定修是较架修低一级的修程，只进行局部

解体，对大型部件进行检查、测试和修理，对轮对踏面进行不落轮镟削，恢复形状。因此根据架大修修程，检修设备的配套数量也因检修项目的增加而增加。维修设备的配置随检修台位量、检修规模、工艺流程而定。

根据检修工艺的流程，专用设备配置为：

1. 架车、车体分解工艺的设备和工装配置

地下固定式架车机（一组）、移车台（或移车吊）、小型蓄电池牵引车（场内牵引）、架抬车（工装设备）、液压升降台、空调机组、受电弓起吊设备（悬臂吊）。

2. 转向架拆装工艺流程的设备和工装配置

转向架升降台、转向架清洗机、转向架试验台、一系（人字）弹簧试验台、减振器试验台、构架测试台、构架翻转台。

3. 轮对装拆工艺流程的设备和工装配置

轮对压装机、轴承感应加热器、车轴探伤仪、车轮车床、轴径车磨床、大型叉车、轴承清洗设备、套齿设备。

4. 牵引电机检修工艺流程的设备和工装配置

电机吹扫清洗设备、直流牵引电机试验台、交流牵引电机试验台、整流子下刻机及点焊机、动平衡机、空压机电机试验台。

5. 制动系统检修工艺流程的设备和工装配置

空压机试验台、空气阀门试验台、制动单元拆装设备。

6. 电气部件检修工艺流程的设备和工装配置

电气部件综合试验台、功率电子试验台、主逆变器试验台、辅助逆变器试验台、八通道示波器。

7. 空调检修设备

空调机组试验台、空调冷媒充注设备、空调检修套装工具、空调焊接专用工具。

8. 蓄电池检修设备

蓄电池的充放电设备、蓄电池拆装工装。

9. 其他部件检修设备和工装的配置

车钩试验台、缓冲器试验台、受电弓试验台、门控装置试验台、门控压力测试仪。

10. 静态、动态调试设备和工装的配置

车辆称重装置、静调 1 500 V 直流供电柜、八通道示波器、便携式计算机（故障显示诊断）。

11. 油漆工艺设备的配置

喷漆设备、加热恒温设备、通风设备、油污过滤设备。

12. 动力设备的配置

风、气、水、电动力设备。

综合上述12项设备和工装设备。除1~9项为车辆架大修工作必配的检查和测试设备外，在一般修理中，只需配备少量的金属切削设备即可。像折弯机、剪板机、冲剪机、弯管机、锻造设备等以不配为佳，采用委外加工方式即可，这样可较大地压缩投资规模，减少用地面积，降低维修成本。

四、列车安全运营设备的特殊配置

运行列车由于列车部件的突然损坏、系统控制失常、运行线路信号故障、道岔隧道故障、线路突发情况及一些人为的操作指挥失误，均会造成运行列车出轨、相撞、追尾等恶性事故，造成人员伤亡和财产损坏，为了迅速及时抢救生命，尽快恢复现场，确保交通的畅通，将损失减小到最低，就要迅速进行救援工作。地铁列车运行由于空间相对狭小，发生事故无法用大型机械进行起复救援，只能使用特殊设计的起复救援设备进行救援。

线路开通运行时必须配备一些救援设备以应对紧急情况，近年来逐步引进的一些先进的具有不同功能和用途的救援设备，被证明适用于不同场合。此类设备具有小型、集成、轻便等特征。不同的事故，启用不同的救援设备，主要有：列车出轨起复设备、列车倾覆复位设备、横向平移设备、橡胶充气抬升设备、剪切设备、扩张设备、动力控制操作设备、切割设备、应急照明设备、转向架运载小车、通信设备、高压验电设备、接地设备及专用工具等等。

配备的动力装置有：发电机组、汽油发动机、液压泵、空压机组。

救援套配设备有：动力牵引设备（调机车辆）、救援设备运输车辆。为提高救援速度，快速将救援设备送至事故现场，一般情况下，所有救援设备应集中存放于专业救援车辆内，一旦接到救援命令，可立即将救援设备送至事故现场。

随着轨道交通网络化运营的到来，地铁列车的起复救援系统将以网络运营的要求来进行布置，要从路面道路、站台的情况，从高架、地面、地下线路条件，从列车车型的发展，从事故发生的时间、位置等因素来综合考虑地铁列车的起复救援。主要内容有：

（1）救援点的布置：包括救援范围（跨度、覆盖半径）。

（2）救援人员的配置：一般由专业救援人员实施救援，但要补充一些现场配合搬运的辅助人员和其他人员。专业救援人员也应考虑定点设置。

（3）救援设备的配备：一般常规的救援设备存放在各救援点，特殊设备可以在救援时候进行统一调配，相互补充。救援设备的配置要做到种类和功能齐全。

（4）救援预案的制订：及时做好列车救援应急预案，定期、定时进行模拟演练，做好救援设备的保养。预案应包括：现场指挥协调、现场通信联络、现场封锁、列车起复方案、救援人员的岗位要求等，确保列车救援工作有条不紊。

> 复习思考题

1. 简述城轨车辆维修设备配置的原则。
2. 城轨车辆一般修程需要哪些设备？
3. 大修专用设备有哪些？
4. 救援配套设备有哪些？
5. 简述起复救援应考虑哪些方面。

第二节　城市轨道交通车辆主要维修设备介绍

一、不落轮镟床

（一）概　述

不落轮镟床（见图 5-1）用于电动列车在整列编组不解体（包括各类铁路机车、轨道车其他铁路车辆以及单个带轴箱轮对）的情况下对车轮轮缘和踏面的擦伤、剥离、磨耗进行修理加工和各种数据的测量，恢复车轮的形状。

该镟床最大特点是安装在标准轨下，为地下式。所需轮对切削修理的车辆不用进行任何分解，直接驶上该机床与地面固定轨相连的活动道轨，就能进行轮对的切削加工。

图 5-1　不落轮镟床

不落轮镟床有数控和液压仿型两种形式，目前国内生产的多为数控型。图 5-2 所示为列车车轮加工示意图。

第五章　城市轨道交通车辆维修主要设备

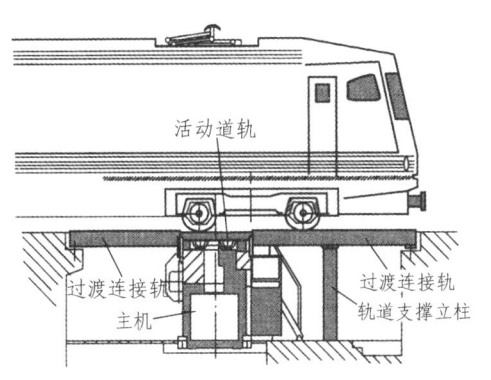

图 5-2　列车车轮加工示意图

随着技术的不断发展，加工轮对的机床采用不落轮镟床，图 5-3 所示为不落轮镟床刀具，图 5-4 所示为不落轮镟床加工车轮时的情景。

图 5-3　不落轮镟床刀具

图 5-4　不落轮镟床加工车轮

（二）特　点

（1）该机床多采用西门子公司专门设计的全数字化 840 型数控系统，如图 5-5 所示，将 CNC 和驱动控制集成在一起，可完成 CNC 连续轨迹控制及内部集成式 PLC 控制。测量和切削精度高。

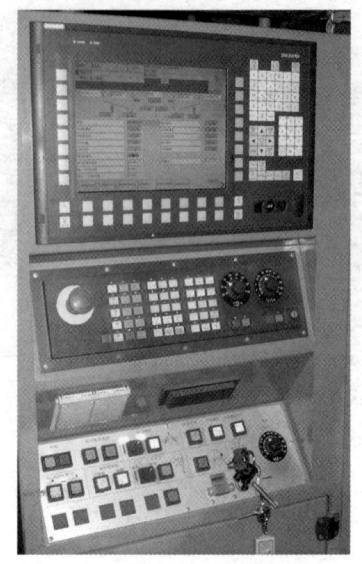

图 5-5　全数字化 840 型数字系统

（2）采用变频技术进行驱动电动机的调速，切削速度平稳、可调。

（3）通过更换机床两侧加压爪的形式，可对不同类型的转向架轴箱进行定位加压，能使各种形式的转向架（列车）正确定位并对其车轮进行加工切削。

（4）通过预置在计算机内的各种轮缘曲线（仿型机床用模板），实现标准轮缘和经济型轮缘的多种形式切削。

（二）功　能

（1）车轮轮缘的镟削加工。

（2）护轨自动对中装置。

（3）车轮轮缘形状的测量。

（4）车轮直径的测量。

（5）各种车轮轮缘形状曲线的编程。

（6）切削加工量（切削厚度）的自动计算。

（7）机床故障检测和查询。

（8）各种数据打印和记录存储功能。

（9）具有压下保持装置、提高轮轴负重。

（10）机床切削时的自动断屑功能。

（11）机床切削时的防滑功能，在切削打滑（或卡死）时能自动退刀和停机。

（12）铁屑破碎自动密封输送至地面排屑功能（注：也有采用立柱悬臂吊加小车运送铁屑形式的）。

（13）完善的防误操作系统。

（14）故障的自动诊断和报警显示功能。

（四）技术参数

（1）轨距：1 435 mm。

（2）轮对内侧距：1 356 mm。

（3）轮对轴长范围：1 620～2 500 mm。

（4）轮对直径加工范围（踏面直径）：ϕ600～ϕ1 300 mm；
常用加工范围：ϕ770～ϕ840 mm。

（5）轮箍宽度：120～145 mm；
标准宽度：127 mm/(135+1) mm。

（6）最大轴负重：250 000 N；
车辆轴负重为：85 000～100 000 N。

（7）电机转速：无级调速；
前期产品：4级变速。

（8）主轴转速范围：21～62.5 r/min。

（9）进给量范围：0.5～2 r/min。

（10）刀架快速移动速度：2 m/min。

（11）机床生产率：8～10 轮对/班。

（12）电气接地线：≥75 mm^2。

（五）不落轮镟床附属设备

1. 列车牵引设备

列车在接触网断电情况下通过机床，用外力来不断对列车进行牵引移动，以便逐个依次对轮对进行加工镟削。列车牵引设备一般有蓄电池牵引小车和卷扬机牵引装置两种形式。图5-6所示为不落轮镟床牵引小车。

图 5-6　不落轮镟床牵引小车

2. 供电接触网联锁装置

镟轮库设计有带供电接触网和不带供电接触网两种形式。早期设计的镟轮库一般带供电接触网，以便让列车自行通过。高压供电系统以轨道作回流。机床的活动连接轨与固定轨相连，可能会造成接触网的高压电直接引入机床，对机床造成致命的破坏，因此这类镟轮库应有触网与机床的联锁保护装置，如图 5-7 所示。

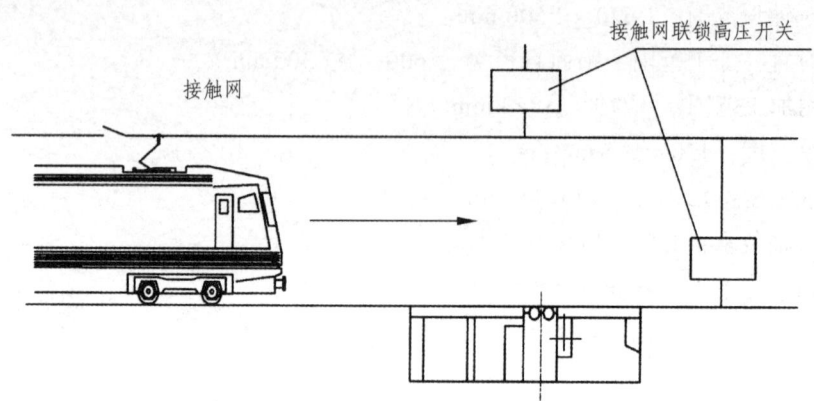

图 5-7 接触网机床联锁装置示意图

二、列车自动清洗机

（一）概 述

列车自动清洗机用于对运行后的列车车体进行清洗。通过自动清洗机端部和两侧不同形式的清洗毛刷组，将水和清洗剂喷射在车体上，用清洗毛刷对列车的前后端部、两侧车体侧面、车门、窗玻璃进行滚刷。清洗方式有清水洗和化学洗两种。整个清洗过程自动进行，设备配有水处理循环回用系统、软水系统、牵引系统（选配项目）等。

列车车体自动清洗机的清洗方式有：户外型（室外型、露天型），室内型。

按列车清洗时的牵引方式可分为两种：

1. 侧刷固定型

列车以低于 3 km/h 的速度自行（或被牵引），清洗机清洗毛刷组对列车的前后端部、两侧车体侧面、车门、窗玻璃进行清洗。

2. 侧刷自走型

列车不动，清洗机清洗毛刷组沿着固定行走轨道移动，对列车的前后端部、两侧车体侧面、车门、窗玻璃进行清洗。

目前，列车自动清洗机（见图 5-8）一般采用室内侧刷固定型。图 5-9 所示为列车自动清洗机清洗示意图。

第五章　城市轨道交通车辆维修主要设备

图 5-8　列车自动清洗机

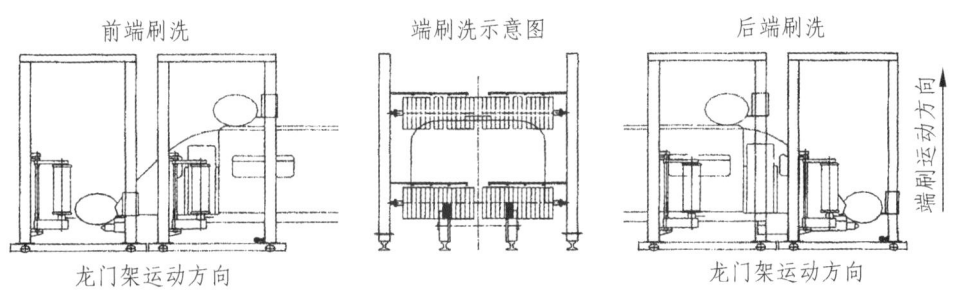

图 5-9　列车自动清洗机清洗示意图

（二）特　点

1. 清洗刷组

一组总成，由预湿喷管，车头和车尾刷、侧面清洗刷、侧面漂洗刷及初洗管、总洗管和车窗冲洗管等组成。按程序进行车头、车尾、车体两侧、车窗、车体连接折棚清洗。

按清洗部位的不同可分成：

（1）端头（车头尾）清洗装置。

该装置为独立的清洗单元，由喷液管（化学试剂）、清洗管、清洗旋转滚刷、滚刷上下角度调整装置、机架前后驱动装置等组成。能自动定位，并沿辅助轨前后移动，对列车（固定不动）车头、尾进行清洗，安装于清洗架上的清洗旋转滚刷能上下、变角地移动。清洗刷与水平的夹角在 $-90°\sim +90°$ 可调。清洗刷清洗时与车体表面的接触压力与旋转速度和机床的运动速成正比，保持恒压，以达到最佳的清洗效果。

（2）车体侧面清洗装置。

车体侧刷为固定，对车体的两侧面、车门、窗玻璃进行清洗。有些侧刷采用特殊设计和程序控制，同时也能对不同形式的列车车头、车尾进行清洗。

2. 水洗/化学清洗自由选择

根据列车车体的清洁程度，选择设备是采用清水清洗还是化学清洗。在化学清洗时，根据车体、车窗的不同部位分别喷射不同的清洗剂（车体清洗剂、车窗清洗剂），以取得最佳清洗效果。

3. 自动/人工两种清洗模式

自动清洗模式下，列车按程序进行自动清洗。人工清洗模式下，可任意操作设备中一个清洗装置对列车进行清洗。

4. 水循环系统

由预湿喷管、清洗管、过洗管、窗洗管等部分组成完整的一个清水清洗系统（水循环系统）。

5. 水处理系统

水处理系统由集水槽、回用水池、沉淀池、过滤网、循环水池和排污管（废水处理管）组成，污水进行处理后循环回用。

6. 安全保护系统

安全保护系统具有完整，功能齐全，安全可靠等特征。

（1）保温防冰排水装置，用于冬季气温低于零度以下，开启水管排放阀，自动排干管内剩水。并用压缩空气吹清管子内壁，防止清水结冰胀裂水管。

（2）自动故障检测，故障显示采用叠式方法处理。

（3）全方位状态检测和保护功能。主要有：

① 所有水箱、水池的液位检测；

② 化学清洗剂储量箱液位检测；

③ 列车位置红外线检测；

④ 清洗毛刷位置检测；

⑤ 压缩空气压力检测；

⑥ 各类状态声光警示；

⑦ 紧急按钮；

⑧ 与供电接触网有联锁；

⑨ 各类水泵、电机过载保护显示。

（三）技术参数

（1）轨距：1 435 mm。

（2）车厢宽度：3 000 mm。

（3）清洗时列车运行速度（清水清洗）：3 km/h。

（4）清洗时列车运行速度（化学清洗剂清洗）：3 km/h。

（5）工作时间：全天候连续工作。

（6）供水水源：城市地方水。

（7）供电电压：AC 220 V/380 V。

（8）供气（压缩空气）压力：6×10^5 Pa。

（9）供气（压缩空气）量：250 m^3/h。

（10）每班清洗列车数（8 h）：24 列。

（11）每列车总耗水量（新鲜水）：>400 L/h。

（12）洗涤剂种类：建议中性。

（13）环境保护污水排放指标：符合城市排放标准。

（14）装机功率：约 60 000 W。

三、地面式架车机

（一）概　述

地面式架车机能同步提升 N 节不解钩的列车单元组，以便对列车车体下部的机械、电气部件进行维修、保养和更换，设备具有使用方便、操作灵活等特点。总操作控制台能控制整套机组的升降，也能设定架车机组提升的组合数量，4 台架车机（一节车）为一组、可分别选定一组（一节车）、二组（二节车）和三组（三节车）同步提升。

地面式架车机可分为固定式和移动式两种。图 5-10 所示为地面固定式架车机，图 5-11 所示为移动式架车机。

地面移动式架车又可分为有轨式和无轨式。有轨移动式架车机单台机座下有一套完整的液压装置和移动轮，由液压系统控制移动轮的伸缩，移动轮伸出后，整台机架在辅助轨上移动，随意定位。定位后，液压系统释压移动轮复位不承载任何载荷，由机座承载。无轨移动

图 5-10　地面固定式架车机

式架车机则不需要辅助轨，靠架车机自身带有的万向轮移动定位。图 5-12 所示为地面移动式架车机（有轨）示意图。

图 5-11　移动式架车机

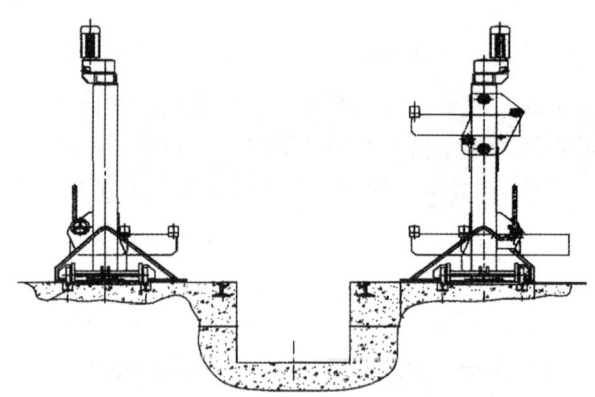

图 5-12　地面移动式架车机（有轨）示意图

（二）特　点

（1）架车机组任意组合。

（2）同步提升误差小：架车机联动时，单台之间的误差范围为 -4~4 mm。

（3）安全保护装置完整齐全。

① 每台架车机均设有紧停按钮，联动时，按下任何一台架车机上的紧停按钮，均能让所有联动机组停止工作。

② 安全螺母保护装置：每个架车机配有安全螺母，一旦升降螺母失效，安全螺母启用承载，保证提升臂不下垂。

（4）电气保护装置齐全：每个架车机有 6 组限位开关和螺母松动磨损检测开关。

（5）负载过流保护。

（6）故障显示：通过操作控制的指示能显示故障的信息。

（三）主要技术参数

（1）轨距：1 435 mm。

（2）提升高度：700～2 200 mm。

（3）有效提升高度：1 500 mm。

（4）提升速度：400 mm/min。

（5）每套提升能力：132 t。

（6）每套同步误差：±4 mm。

（7）单机功率：3 000 W。

（8）提升臂水平最大伸出值：1 000 mm。

四、地下式架车机组

（一）概　述

地下式架车机组由两个独立的车体架车机和转向架架车机组成一套架车系统，能同步架起 N 节列车单元。设备复原时，架车机组最高平面与地面轨道同一水平。检修作业中，车体架车机和转向架架车机配合使用。不但能提升起列车，还能轻易地落下车辆中任意一个转向架或轮对，并从车下轨道中推出，使用极为方便。二套提升机构的提升高度可随意控制，且联锁。配合铲车，液压升降台等专用设备，能对车体下的所有部件进行拆卸维修，如转向架拆装，牵引电机的拆装，齿轮箱的拆装，换轮中的保险杆的拆装，以及空压机总成、电阻箱、垂直减振器、车钩、ATC 机架等拆装。图 5-13 所示为地下式架车机架车时的情景。

图 5-13　地下式架车机架车（驾车机升起）情景

总操作控制台能设定架车机组提升的组合数量，4 台架车机（一节车）为一组、可分别选定一组（一节车）、二组（二节车）和三组（三节车）的同步提升。图 5-14 所示为地下式架车机组（三组）示意图。

图 5-14　地下式架车机组（三组）示意图

（二）应　用

地下架车机能独立地对车体、转向架进行提升，两套提升机构高度随意控制，并且相互联锁保护。对列车车体下部的部件、零件的修理更换特别方便，配合铲车、液压升降台等专门设备，能对车体下的所有部件进行维修，如转向架拆装（包括转向架的中心销、牵引插杆、横向减振器、抗拆滚钮杆等拆装），牵引电机的拆装（600 kN 的中心螺母，联轴节等拆装），齿轮箱的拆装，换轮中的保险杆的拆装以及空压机总成、电阻箱、垂直减振器、车钩、ATC 机架及单个轮对拆装，故地下架车机是列车检修工作中必不可少的重要设备。

（三）特　点

1. 功能强、落架方便

两套提升装置能单独进行转向架和车体的升降，配合使用时功能极强，落转向架极为方便。图 5-15 所示为车体顶升机示意图，图 5-16 所示为转向架顶升机示意图。

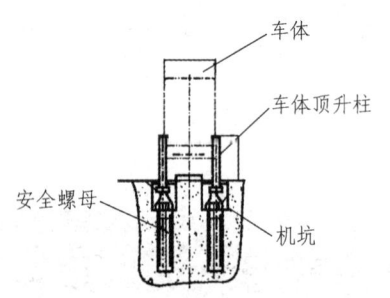

图 5-15　车体顶升机示意图

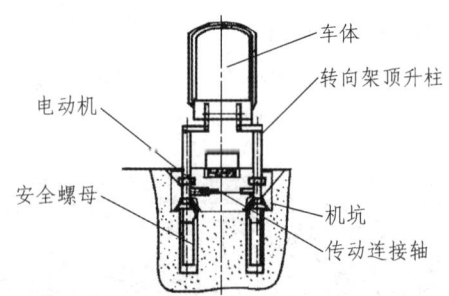

图 5-16　转向架顶升机示意图

2. 安装形式巧妙

安装形式为地下式，设计巧妙、安全，复位时与地面同一标高，无障碍物，平时场地能作其他检修用途。

3. 安全保护装置完整齐全

（1）托架防护盖板。架车机托架和车体托架提升后，原托架位置上均有能承载 200 kg 的防护钢板自行升至与地面相平，防止人或其他物品的下坠，造成人身伤亡事故或机械故障。

（2）托架下降中途安全距离自停功能。在将举升后的车体下降时，当下降到安全警示位置，一般为转向架的托架平面距地面 400 mm 时，该设备自动停止下降。让现场工作人员确认车体下无任何人和物品等情况后，再次启动设备下降。

（3）两侧安全操作功能。操作台一侧为主操作，另一侧的视线死角有（车体挡住视线）副操作盒（安全监护操作）。当上升或下降时，两侧均能紧急停止，启动时，则需两侧确认。

（4）电气保护装置齐全。每组架车机有6组限位开关，负载开关，螺母磨损/断裂限位开关等，确保架车机的安全可靠。任何一个安全装置动作，系统主电流将被断开。

（5）车轮锁死防滑装置。一旦架车机离开地面，托架表面防滑装置将启用（选配）。

（6）安全螺母。每个升降部件配有安全螺母，一旦升降螺母失效，安全螺母开始承载。

4. 同步误差小

同步误差为 –6～6 mm（上升速度为600 mm/min）。

5. 负载感应装置

负载感应装置在无负载情况下提升时，以编程的模式操作，直到安装在所有托架的负载传感器动作后，需对这种模式再次确认，才能按编组的方式继续运行，有效地保证了提升的安全可靠性。

6. 故障显示功能

通过设备上的显示装置，能提供设备故障的信息。

（四）主要参数

（1）轨距：1 435 mm。

（2）转向架托架垂直提升高度：0～1 600 mm。

（3）车体托架垂直提升高度：0～2 400 mm。

（4）提升速度：405 mm/min。

（5）每台转向架的提升能力：≥210 kN。

（6）每个托架的支撑力：≥110 kN。

（7）相邻架车机组的高度偏差：±6 mm。

（8）全套架车机内的高度偏差：±12 mm。

（9）每套车体（4台）托架的4个支撑点的高度偏差：±4 mm。

（10）每台架车机电机功率：2×4 000 W。

（11）每台车体参数：

提升速度：600 mm/min。

电机功率：1 100 W。

五、公/铁路两用蓄电池牵引车

（一）概　述

公/铁路两用蓄电池牵引车是一种既能在轨道上牵引，又能在平地上运行的两用牵引车。

采用高性能蓄电池供电,自动车钩,特别适用于检修车间、车辆段站场的牵引调车作业。该车的公路铁路转换由液压系统控制进行,公路运行时采用三轮设计,回转半径小,能在有限的空间进行换向和上道(轨道),提高了车辆的机动性。该车牵引吨位大于 120 t,可拖动 3 节以上电动客车或转向架至车间任何地方,配合移车台的使用,牵引运行更加灵活。

前端采用列车自动车钩(国际铁路协会 UIC 标准)和牵引连接杆两种连挂装置,能灵活地与铁路车辆和其他车辆进行连接,方便可靠,是一种能满足地铁列车检修作业的理想牵引设备。

驾驶形式有带驾驶室和不带驾驶两种,目前国内生产和使用的基本为带驾驶室的蓄电池牵引车。根据需求还可实现远程无线遥控牵引(铁路)。图 5-17 所示为不带驾驶室的蓄电池牵引车示意图,图 5-18 所示为带驾驶室的蓄电池牵引车。列车镟轮牵引一般也使用该设备。

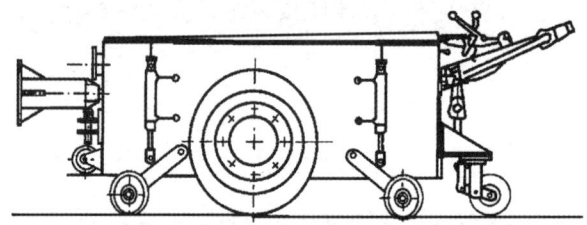

图 5-17 不带驾驶室的蓄电池牵引车示意图

图 5-18 带驾驶室的蓄电池牵引车

(二)特 点

(1)牵引力大:大于 120 t 负载下(3 节电客列车)可连续牵引 2 h 以上。

(2)公/铁路模式转换采用液压装置,方便可靠。

(3)采用直流电动机驱动,无级调速,启动平稳。

(4)两种速度牵引,定位、挂钩正确,工作效率高。

（5）采用自动车钩，挂/脱钩方便。

（6）采用电机和轮箍双制动系统，制动距离短，定位正确（注：爬行驱动模式下，120 t 牵引负载下的制动距离≤50 mm）。

（7）报警警示系统完整，有故障显示、各类限位、闪光警示、喇叭、手动脚踏双重制动等多种安全装置。

（8）自带自动充电装置和蓄电池容量显示装置。

（9）可实现远程无线遥控（铁路牵引工况）。

（10）蓄电池整体移动由液压系统操作控制，省力方便。

（三）性能参数

（1）轨距：1 435 mm。

（2）牵引吨位：大于 120 t。

（3）运行速度：

① 铁路（负载）：2 km/h；铁路（空载）：3 km/h；

② 公路（空载）：11 km/h。

（4）车钩：

① 自动车钩高度：720 mm，自动车钩高度上偏值：5°，自动车钩高度左右偏差值：±15°；

② 牵引连接杆长度：2 500 mm。

（5）蓄电池容量（型号为 5PZS）：480 V/600 A·h。

（6）充电时间：在 80% 的放电条件下为 7 h。

（7）运行距离：

① 空载时≥6 km；

② 负载时≥3 km。

（8）转弯半径（公路）：2 550 mm。

（9）装机功率：20 000 W。

六、空调悬臂吊

（一）概　述

空调悬臂吊是起吊、安装、拆卸、运输列车顶部空调总成和受电弓等部件的专用设备。吊车动臂在使用时能伸到供电接触网下（与接触网的垂直绝对距离不小于 200 mm）直接吊起车顶部件，并送到地面。悬臂吊电源与接触网供电之间有联锁，图 5-19 为空调悬臂吊示意图。

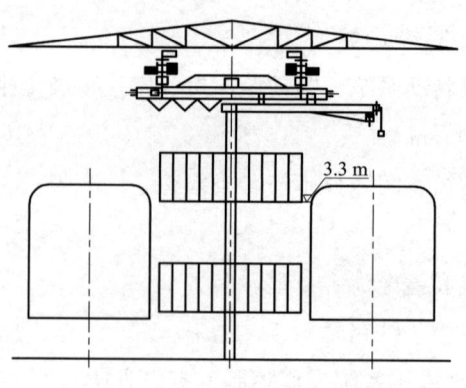

图 5-19 空调悬臂吊示意图

（二）特　点

1. 悬臂起吊

动臂能在车顶和接触网间伸缩，进行车顶部件的拆装起吊作业。

2. 联锁装置

悬臂吊电源与接触网供电隔离开关之间进行联锁，两者不得同时有电，确保悬臂吊使用时触网无电。

3. 吊钩电机和动臂电机

吊钩电机和动臂电机均为双速，启动平稳。

4. 声光报警装置

悬臂吊工作时，有明显的声光报警装置，警示有关人员，确保人员和设备的安全。

5. 安全滑触线

悬臂吊动力电源采用导线内藏式安全滑触线。

（三）技术参数

（1）起吊质量：1 000 kg。

（2）起吊高度：7 m。

（3）动臂伸缩距离：1 200 mm。

（4）自重：425 kg。

（5）电动机功率：2 500 W。

（6）制动方式：碟刹。

（7）移动速度（双速）：5/20 m/s。

（8）起吊速度（双速）：8/20 m/s。

（9）控制电压：AC 220 V。

（10）操作方式：地面式。

七、室内移车台

(一) 概述

室内移车台该设备用来横向一次运送整节地铁列车至检修轨道（台位）。设备纵向端头各有一块带导轨的活动连接板，通过液压系统的控制与移车台两头的检修轨道（工作台位）相连，活动轨与固定轨呈水平，方便地将需移动的车辆牵引进出移车台。两头分设互锁驾驶室，可双向操作，受电采用滑触线。

室内移车台一般采用有轨式（见图5-20），车架为大跨距的整体桥架，需配牵引车牵引。除有轨式外，还有无轨式。无轨式驱动行走轮有多种形式，有采用橡胶轮胎行走的（见图5-21），也有采用压缩空气气垫行走的移车台（见图5-22），一般气垫式移车台只能用于运输未安装转向架的车体，常用于车辆制造厂。无轨式移车台（气垫式移车台、橡胶轮胎移车台）因不

图 5-20 有轨式移车台

图 5-21 无轨轮胎式移车台

图 5-22 气垫式移车台

采用走行轨，因此具有移动灵活（可将车辆移至车间的任何地方）、车辆换向方便等优点，但对轨困难，需要气源，另还需行车配合吊装车体。

（二）特　点

（1）同步传动。确保大跨距车体移动时不扭曲，平移移动采用4台无级变速电机同步传动。

（2）两点支承式走轮，大跨距的整体桥架，考虑到热胀冷缩效应，桥架下两侧的车轮被设计成不同的形式，一侧为双法兰固定端；另一侧为无法兰自由端，保证桥架可在自由端伸缩。

（3）二重制动、定位精确、无晃动。即通过四台直流电机自带制动器和液压系统控制的4只制动盘的作用，达到平稳制动的效果。

（4）安全保护装置齐全，移动时，闪光报警。

（5）双向驾驶室，操作方便灵活。

（6）故障显示：显示故障代码，快速找到故障点。

（三）主要技术参数

（1）轨距：1 435 mm。

（2）承载质量：50 t。

（3）可承载长度（满足列车长+牵引小车长）：25 500 mm。

（4）移动速度：0～60 mm/min。

（5）对轨精度：±2 mm。

（6）自身长度：28 500 mm。

（7）调速形式：交流无级。

（8）受电方式：滑触线式。

八、轮对压装机

（一）概　述

轮对压装机（见图5-23）用于车轮和车轴在设定压力下装配成轮对（压轮）和将轮对分解成车轮和车轴（退轮）。压装时轮对内测距自动定位。配有各种直径的止挡块，可对不同直径的车轴进行加工，压力曲线自动记录。

压装形式有一次压（退）一个轮子和一次两端同时压（退）轮子。

（二）特　点

（1）具备轮对的（包括制动盘、大齿轮）拆、装两种功能。

（2）轮对内测距压装距离自动定位。

（3）显示压力/位移曲线合格范围标准曲线图，并与工作实际曲线相对应地自动显示在屏上，判定轮对压装是否合格。

（4）具有自动和手动两种控制方式。

（5）压装过程自动记录。能自动连续显示、记录压装过程中压力曲线，自动记录储存数据，打印曲线。

（6）起重装置。该装置具有双速起吊功能。起吊和定位方便。

（7）各式止挡块。配有各式止挡块，可方便地进行轮对的压装和拆卸。

（8）可自动上料。

图 5-23　轮对压装机

（三）主要参数

（1）标准压装基准值：1 358 mm。

（2）压力：0～5 000 kN。

（3）压头行程：600 mm。

（4）压头最大推进速度：19 mm/s。

（5）压头最大返回速度：65 mm/s。

（6）水平工件间距：800～3 200 mm。

（7）工作托架：1.5 mm。

（8）压装长度精度：(1 358+1) mm。

（9）定位精度：≤0.2 mm。

（10）内测距精度：≤0.5 mm。

（11）生产能力：每天（8 h）10～12 对。

九、转向架清洗机

（一）概　述

转向架清洗机用于列车走行部件——转向架——的清洗。该设备采用全封闭形式，内部设有封闭的清洗房、喷淋系统、污水处理系统、控制系统、蒸汽加热系统等。转向架从列车上分解拆下后，因高油污和积尘需对其进行清洗。转向架由该设备上的传送机构送入全封闭的清洗房内，启动设备程序后，由清洗喷管喷出被加热到 20 ℃以上的清洗水和漂洗液，对转向架进行自动清洗，在规定的时间内完成设定的清洗动作，然后对转向架进行通风干燥，最后将清洗完的转向架送出清洗房，完成清洗工作。图 5-24 所示为转向架清洗机。

图 5-24　转向架清洗机

加热系统有蒸汽加热和电加热两种形式，一般采用蒸汽加热形式。

（二）特　点

1. 完整的清洗工艺

高压清洗、漂洗，干燥工艺完整连续自动，并且能根据被清洗转向架上油污程度单独设定冲洗、漂洗、干燥的工作时间。

2. 水温控制

设备具有蒸汽加热、清水、漂洗水的功能。加热温度可调。常用水温为 20 ℃，即可达到清洗效果。

3. 污水处理系统

污水处理系统能对清洗、漂洗后的污水进行处理回用。过滤装置滤去了污水中的油污和杂质后回放到碱水箱重新使用。

4. 清洗水嘴移动喷射

清洗水嘴移动喷射布置于上下左右四面的水嘴排上，在进行清洗和漂洗时能左右移动，动态清洗。

5. 干燥装置完好

清洗室和水箱采用不锈钢材料焊接而成，顶部装有两台离心式冷凝风机，用于排放水蒸气，通风干燥。

（三）主要技术参数

（1）轨距：1 450 mm。
（2）耗水量（循环水量）：200 L。
（3）水压：2×10^5 Pa。
（4）压缩空气：6×10^5 Pa。
（5）蒸汽（饱和干燥蒸汽）：6×10^5 Pa。
（6）蒸汽进口温度：152 ℃。
（7）蒸汽最大耗量：1 700 kg/h。
（8）冷凝水最大回用量（80~90℃）：1 700 L。
（9）通风量：$2 \times 9\,500$ m^3/h。
（10）温度调节形式：自动/手动。

十、转向架升降台

（一）概　述

转向架升降台用于提升转向架于不同的高度，便于对其进行维修和更换附件。图 5-25 所示为转向架升降机，图 5-26 是检修人员在转向架升降机侧对转向架进行检修的情景。

图 5-25　转向架升降机

图 5-26　对架起的转向架进行检修

转向架升降台是采用变速箱带动提升丝杠机构进行升降，安全可靠。通常该设备安装于转向架检修线上，复原时，提升托架与地面轨道同一水平，转向架可方便地推入提升托架定位并进行提升检修。

（二）特　点

1. 完全同步

两侧提升托架采用同一电机双头机械连接方式，驱动时绝对同步。

2. 检修空间大

托架提升后，只有 4 根提升杠暴露，检修空间大，操作无障碍。

3. 安全可靠

机械螺杆传动式提升机构，能自锁。托架提升后，原托架处有弹簧钢板填充，保证地面无间隙，能有效保证检修人员的安全。

4. 电气保护装置齐全

具有 6 只限位开关（工作限位、极限限位，螺母松动检测开关，螺母磨损检测开关等）形成位置保护，电机过流保护和负载过流保护。

（三）主要技术参数

（1）轨距：1 435 mm。

（2）提升能力：10 000 kg。

（3）提升高度：1 600 mm。

（4）提升速度：700 mm/min。

（5）电机功率：24 000 W。

（6）电压：AC 380 V。

（7）控制电压：DC 220 V。

十一、转向架试验台

（一）概　述

转向架试验台主要用于地铁车辆转向架的静态变形测试。

通过本设备特别的液压装置加载后，被测转向架的各种数据经传感器、放大器、A/D 转换输入计算机，算出转向架的静态自重、加载前后转向架的交叉度和平行度，完成对转向架的静态变形测试，以便对转向架质量检测和判别。对加载压力进行设定，可测出不同负载的变形。转向架试验台由液压加载系统、传感器检测系统、计算机系统和引道轨等组成，该设备应配备恒温恒湿设施。

（二）功　能

（1）能称出动车转向架或拖车转向架的静态自重。

（2）能测量加载前/后转向架的几何尺寸（平行度和交叉度）。

（3）能称出每对轴的轮重。

（4）测量结果可自动记录、储存、打印、查看。

(三)特　点

(1)一人操作。
(2)操作简便,计算机界面直观。
(3)安全保护系统完善、可靠,防滑固定限位、液压驱动锁定、系统紧停、加载点动等安全措施齐全。
(4)测量精度高。
(5)自动交替加载。
(6)非机械式轴向定位。

(四)技术参数

(1)液压缸:2只。
(2)液压系统最大加载力:≤200 kN。
(3)液压缸横向移动范围(距中心):400~1 000 mm。
(4)负载测量有效范围:200 kN。
(5)允许的轮子负载:100 kN。
(6)允许的轴负载:170 kN。
(7)被测转向架轴距范围:±50 mm。
(8)位移分辨率:0.01。
(9)载荷分辨率:0.1 kN。
(10)环境湿度:10~45 ℃。
(11)空气湿度:60%~80%。
(12)电源:AC 380 V/220 V/6 A。

十二、金属橡胶弹簧试验台

(一)概　述

金属橡胶弹簧试验台适合采用一系弹簧减振的金属橡胶弹簧(一系弹簧)的试验,能进行金属橡胶弹簧负载变形、刚度的测试,完成金属橡胶弹簧的选配工作,保证转向架一定的轴重分配。

金属橡胶弹簧试验台设备由传感器、计算机、液压和机械3大部分组成,分别完成金属橡胶弹簧的加载前后几何形状的变化量检测,数据的传递、放大、计算及以液压系统工作。设备上还配有两台专用打印机,供打印不同的数据标签使用。

（二）功 能

1. 测试功能

对金属橡胶弹簧进行分类（动车和拖车）加载试验，测出它的刚度曲线和几何尺寸。

2. 配对功能

通过比较存储在计算机中的被测金属橡胶弹簧的刚度特性，选出性能上最相近的一组（2只、4只或8只）金属橡胶弹簧进行配对，保证装车使用的特性。

3. 查询功能

通过菜单能查阅出任何一只被测试过的金属橡胶弹簧的性能参数和曲线图。

4. 打印功能

两台打印机能分别对被测金属橡胶弹簧的性能参数、曲线图、标签进行打印。

（三）技术参数

（1）加载压力：30 kN。

（2）预加载压力：45 kN。

（3）打印项目：性能参数，示功曲线图。

（4）加载精度：5%。

（5）位移精度：5%。

（6）测试环境温度（被测一系弹簧保留一天的温度）：20 ℃。

（7）操作环境温度：10 ~ 45 ℃。

（8）操作环境湿度：60% ~ 85%。

（9）电源：AC 380 V。

（10）功率：2 000 W。

十三、交流牵引电机试验台

（一）概 述

交流牵引电机主要参数的测试都是在交流牵引电机试验台上进行的。该设备由各类传感器、计算机、输出打印机3大部分组成，分别完成振动、速度、电阻、电流的检测，数据的传递、放大、计算及以输出打印工作，能对普通电机、新电机、修复电机进行综合测试。设备划分为两个工作区域：控制操作区，高压测试隔离区。

交流牵引电机试验台可进行的其他试验项目有：电机线圈绕组的阻值测试。电机绝缘性能测试、耐高压测试、振动测试。另有故障远程诊断和排故，参数的修改和设置等功能。

图 5-27 所示为交流牵引电机试验台控制示意图。

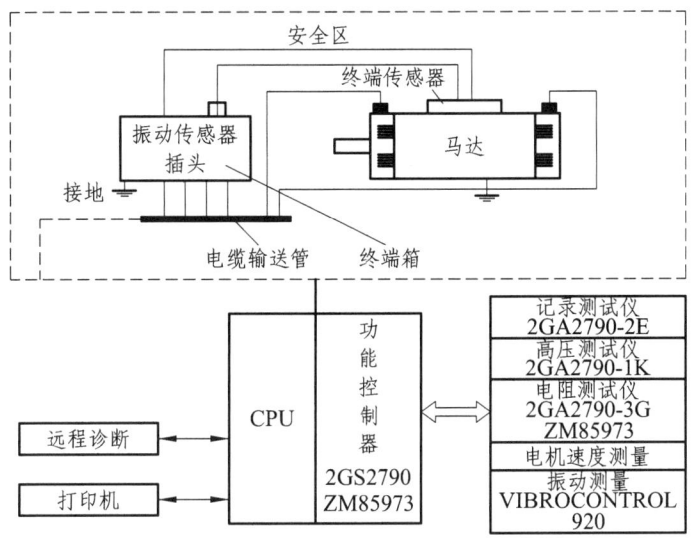

图 5-27　交流牵引电机试验台控制示意图

（二）功　能

（1）定子线圈的电阻测试。

（2）绝缘测试。

（3）高压测试。

（4）振动测试。

（5）测量结果的存储、打印、查看。

（6）远程通信。

（7）全自动操作功能。

（三）技术参数

（1）定子电阻测量范围：160～190 MΩ。

（2）高压测量：

① 普通电机：2 100 V。

② 修复电机：3 450 V。

③ 新电机：4 500 V。

（3）绝缘电阻测量：≥10 MΩ。

（4）振动测量（I_{max}<100 mA）。

振动值：

① 1 800 r/h：<2.8 mm/s。

② 2 700 r/h：<4.5 mm/s。

③ 3 600 r/h：< 6.75 mm/s。

（5）电源：AC 380 V。

（6）操作系统：Windows 操作系统。

十四、车辆静态称重试验台

（一）概　述

车辆静态称重试验台为车辆大修设备，在静态情况下对架修、大修后的单节车辆进行称重，能称出车辆的单轮重、轴重、前后转向架重、整车重等数据，根据车辆的配重图对车辆进行配重，保证车辆的配重符合要求。

设备组成：由 8 台电子秤（包括称重传感器、接线盒、称量轨等）、平台、过桥轨、过桥、称重显示仪、仪表柜、计算机、打印机等部分组成，如图 5-28 所示。

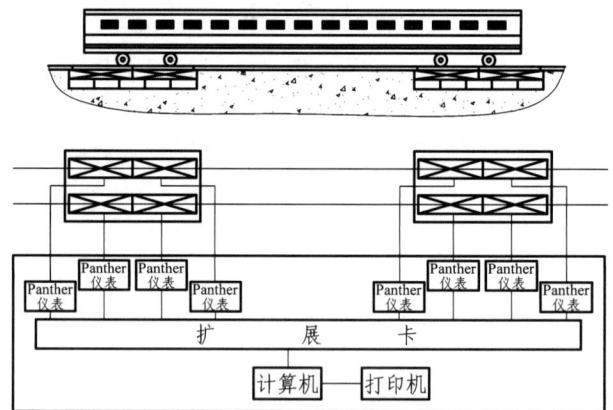

图 5-28　车体静态称重试验台示意图

（二）主要功能

（1）称出并显示车辆的毛重、净重、皮重。

（2）有自动零位跟踪功能。

（3）能显示和打印单轮重、轴重、前后转向架重、整车重等。

（4）采用计算机称重管理系统。

（三）技术参数

1. 设备技术参数

（1）最大称量：10 t × 8 台。

（2）显示分度值：5 kg。

（3）准确度等级：OIML Ⅲ。

（4）车辆定距：15.7 m。

（5）车辆轴距：2.5 m。

（6）钢轨轨距：1 435 mm。

（7）秤台：由 8 台电子秤组成。

（8）工作环境温度：

① 传感器：-20~+65 ℃；② 仪表：-10~+40 ℃。

（9）工作环境湿度：10%~95%。

（10）电源电压：AC 220 V（-15%~+10%）。

（11）电源频率：50（1±2%）Hz。

2. 电子秤技术参数

（1）台面规格：1 200 mm×600 mm。

（2）最大称量：10 t。

（3）分度值：5 kg。

（4）分度数：2 000。

（5）准确度等级：OIML Ⅲ。

（6）传感器额定容量：10 t。

3. 传感器技术参数

（1）推荐激励电压：（DC/AC）6~15 V。

（2）最大激励电压：（DC/AC）20 V。

（3）灵敏度：（2±0.002）mV/V。

（4）非线性：±0.02%F.S。

（5）滞后性：±0.02%F.S。

（6）重复性：±0.01%F.S。

（7）蠕变：±0.02%F.S/30 min。

（8）安全过载：150%F.S。

（9）极限过载：300%F.S。

（10）输出阻抗：（350±1）Ω。

（11）输入阻抗：（382±4）Ω。

4. 控制台称重显示仪特点和技术参数

（1）7 位真空荧光管显示。

（2）LED 状态显示：显示预置点状态或目标值分区状态。

（3）A/D 速率：300 次/s。

（4）显示速率：20 次/s。

（5）存储功能：可存储两个带提前量的预置点或 4 个分目标重量值，零点及皮重值。

（6）接口：1 个可编程输入，3 个独立输出，RS.232 串行口。

（7）工作环境：工作温度-10~14 ℃，相对湿度 10%~95%（无凝露）。

十五、减振器试验台

(一) 概 述

减振器试验台用于对转向架上横向和垂向两种形式的液压减振器进行综合性能的测试。装有可调节的旋转臂,根据被测对象的不同(横向液压减振器或垂向液压减振器),设定不同的测试项目。整个设备由计算机进行操作控制,即时显示液压减振器试验时拉伸或压缩的负载曲线,并打印和保留。

(二) 功 能

(1) 横向减振器的测试。
(2) 垂向减振器的测试。
(3) 试验图形的即时显示和存储。
(4) 试验数据的存储。
(5) 图形和数据的打印。
(6) 拉伸或压缩 8 挡速度。

(三) 主要技术参数

(1) 最大测试加载力:25 kN。
(2) 行程(连续调节范围):0~130 mm。
(3) 测试速度(8 挡):25 r/min、50 r/min、84 r/min、168 r/min、100 r/min、200 r/min、0.65 r/min、20 r/min。
(4) 功率:7 800 W。
(5) 外形尺寸:长×宽×高=1 500 mm×2 000 mm×900 mm(杆垂直时)
　　　　　　　长×宽×高=1 500 mm×2 000 mm×1 700 mm(杆水平时)
(6) 重量:11 kN。
(7) 电源:AC 380 V。

十六、阀类试验台

(一) 概 述

阀类试验台(见图 5-29)主要用于电动列车的各类空气阀、气动元件在检修后的动作试验和气密性试验,试验台由一个台式操作台、控制阀(操作手柄)、显示仪表和气源组成,工作台上部为压力表表屏,台面上设有各种被测阀件的连接安装支座和气源操作控制手柄。压缩空气有两组气源交替供应,除自身外带小型移动式空压机外,还可通过集中供气罐换气,该试验台对压缩空气气源的质量要求较高，一般需单独配设相应空气干燥过滤器。

图 5-29 阀类试验台

试验台内配有双速压力记录仪，与被测管路相连及时记录测试时的各项数据。

（二）功　能

被测阀件的种类有：压力传感器、制动控制单元、空气干燥装置、消声器、各类减压阀、溢流阀、高度调整阀、电磁阀、压力表、操纵阀、安全阀等，对雨刮器驱动装置和空气接头等也能进行检测。

（1）各被测空气阀、电磁阀、气动元件置于试验台支座上，连接上电源和气源后进行其动作模拟试验，检验该阀（气动元件）在规定的气压下，模拟动作是否符合要求。

（2）检测各被测阀件和气动元件在规定时间内的泄漏性。

（3）检测各被测阀件和气动元件动作是否灵敏。

（4）检测各被测阀件和气动元件各连接部位的气密性。

（5）检测阀件的弹簧是否符合规定。

（6）记录测试时的压力曲线，记录速度为两种，高速记录 36 000 mm/h 和低速记录（7 200 mm/h）。

（7）根据具体情况，选择试验台进行常规压力（10×10^5 Pa）测试/高压（12×10^5 Pa）测试。

（三）技术参数

（1）气源压力：$9.0 \times 10^5 \sim 10.0 \times 10^5$ Pa。

（2）电源电压：AC 220 V。

（3）气源接口：

① 常规测试（≤1.0 MPa）：DN20 Pa；

② 高压测试（≤1.2 MPa）：DN20 Pa。

（4）减压阀设定：

① 常规测试：$(9.0 \pm 0.1) \times 10^5$ Pa；

② 高压测试：$(12.0 \pm 0.1) \times 10^5$ Pa。

（5）安全阀设定：

① 常规测试：10×10^5 Pa；

② 高压测试：12×10^5 Pa。

十七、辅助逆变器试验台

（一）概　述

辅助逆变器试验台用于地铁车辆辅助逆变器的整体性能试验。列车辅助逆变器输出三相交流电供辅助电机和照明系统工作，同时经过整流输出直流电供列车蓄电池及应急电池充电使用。

辅助系统的供电频率及幅值是固定的。

设备由以下单元组成：

（1）可调直流电源模拟单元：由调压装置、变压装置、整流装置、平波装置等组成。直流电压输出可调范围大于线路网压变化范围，需进行平波处理。直流输出品质应与线路供电电源相当，容量满足负荷试验要求。

（2）轻载负荷模拟单元：用于SIV轻载负荷试验。

（3）检测及控制单元：能满足SIV静止逆变器各种电量参数的测量，并对试验过程进行控制与保护，对数据进行处理，可打印报表。

（二）设备功能

具体试验内容有：

1. 输出性能试验

（1）空载性能试验。

（2）轻载性能试验。

（3）稳压性能试验。

2. 保护性能试验

（1）欠压试验。

（2）过压试验。

（3）过流试验。

（4）自诊断功能检查。

（三）技术要求

1. 被试件主要技术条件

（1）输入电压 DC 1 500（1±30%）V。

（2）输出电压及容量：

① AC 380 V/180 A；

② DC 110 V/48 A。

（3）总容量：85 kW（暂定）。

（4）工作制度：8 h 连续工作。

2. 可调直流电源模拟单元基本参数及性能要求

（1）输入电源：AC 380（1±10%）V。

（2）电源容量：100 W。

（3）可调直流电源输出电压：150～2 000 V。

（4）额定输出电流：65 A。

（5）保护功能：过压、短路、过载、欠压、过流等。

3. 轻载负荷模拟单元

满足不同输出回路负载试验。最大试验负荷按额定的 50% 进行设计。

（1）电阻：单相 2.0～4.0 Ω。

（2）电流：单相 60 A。

4. 检测及控制单元

（1）对可调直流电源模拟单元进行通断、调压、保护等控制，对输出电压、电流进行测试，并将参数采入计算机。

（2）对轻载负荷模拟单元进行检测、控制，并将有关参数采入计算机。

（3）不同工况下测量被静止逆变器输入 U-I 曲线。

（4）本单元工作电源：

① 电压：AC 220 V；

② 容量：2 000 W。

（5）计算机及外围设备：工控机、触摸式显示屏、接口、打印机。

5. 其他要求

可触及的外壳均应可靠接地。

十八、空压机总成试验台

(一)概　述

空压机总成试验台(见图 5-30)为进口专用设备,主要用于对维修后的空气压缩机进行磨合,检测排气量、工作温升检测,压缩机启动性能等综合测试。

图 5-30　空压机总成试验台

空压机试验台由空压机组、操作控制台、电源柜、稳压缸、储风缸等组成。整个测试过程中,试验数据由计算机进行记录并存储。

(二)功　能

(1)空气压缩机检修后的磨合试验。

(2)空气压缩机排气量的试验。

(3)空气压缩机工作过程的温升试验。

(4)空气压缩机超负荷试验。

(5)空气压缩机泄漏试验。

(6)空气压缩机启动性能试验。

(7)空气压缩机试验时间的设置和计时。

(8)空气压缩机振动试验。

(9)空气压缩机试验数据的记录、存储、打印。

(10)安全保护装置齐全,常用电气联锁,有高温、气压、油压保护。

(三)技术参数

(1)电源:AC 220 V;DC 1 500 V。

(2)功率(DC 1 500 V):12 500 W。

（3）试验数据：

① 连续运行时间：3 h；

② 气密性（高气压状态 0.8 MPa）：高压入口阀无泄漏；

③ 温度测试：温升在规定范围内；

④ 升压速度检查：参考具体标准；

⑤ 输出压力的时间（从启动到达标的时间）：参考具体标准。

十九、电器综合试验台

（一）概　述

电器综合试验台用于试验和整定所有有触点电器开关元件电气特性，设备由试验台、元件安放架、计算机数据采集和数据处理系统组成。

（二）功　能

（1）对各型电器开关进行动作试验。

（2）检测开关元件的设定值（时间、电压、电流等）。

（3）对开关元件的设定值进行重新整定。

（4）对开关元件进行绝缘试验。

（5）计算机自动检测、记录、显示和打印结果。

（三）技术要求

（1）电源：AC 220V/380 V。

（2）容量：10 000 W。

（3）交流可调电压：

① 电压范围：AC 0 ~ 220 V/380 V；

② 电流：10 A；

③ 分辨率：0.2 A。

（4）直流可调电压：

① 电压范围：DC 0 ~ 135 V；

② 电流：10 A；

③ 分辨率：0.1 A。

（5）低压可调大电流：

① 电流范围：DC 0 ~ 8 V；

② 电流：1 500 A；

③ 分辨率：1 A。

（6）绝缘电阻测量：10 MΩ。
（7）工作制度（连续工作）：8 h。

二十、单元制动机试验台

（一）概　述

单元制动机试验台可对电客列车单元制动机进行各项性能指标的试验。设备由左右机架、压力传感器、位移传感器、压力表、控制台等组成。

（二）功　能

（1）强度试验：检验单元制动机的机械强度。
（2）压力试验。
（3）泄漏试验：检查闸缸规定时间内的泄漏程度。
（4）间隙调整试验：检查间隙调整器的容量和活塞最大行程。
（5）活塞杆推力试验：检验常用制动和弹簧制动是否达到规定压力值和行程。
（6）紧急缓解装置（辅助缓解装置）试验：检验紧急缓解功能。
（7）测试数据实时显示、能自动记录、保存、打印、检索各项测试数据。
（8）图形曲线实时显示加载压力、位移等数据。
注：对于不同列车单元制动机检测项目会有增加。

（三）技术要求

（1）位移传感器：±0.1 mm。
（2）压力传感器：±0.05×10^5 Pa。
（3）压缩空气气源：(10~15)×10^5 Pa。
（4）精密压力表：5级。
（5）电源：AC 220 V。

二十一、受电弓测试台

（一）概　述

受电弓测试台用于列车受电弓弓体试验，能试验升弓情况下受电弓的静态特性。检修中，调节受电弓主张力弹簧长度，用以调整接触压力，保证受电弓在整个运营线路上工作高度范围内的接触压力基本一致。设计上采用了光、机、电、风一体化模式。

（二）主要特点

（1）测试台测力传感器固定于机箱内，不随挂钩上下，有利于传感器保护，延长使用寿命。

（2）测试台 3 个测位传感器，选用新型的红外光电开关和接近开关，可对弓杆位置实施先进的不接触测量，使弓体在测试时处于完全不受外力的自由状态，提高了测量精度。

（3）测力系统设置"力标定"键，可对受力曲线的原点和斜率进行高精度的标定，提高测试精度。

（4）即时显示当前测试数据或完成测试的数据，并可分项显示弓体已测数据的合格情况。

（5）显示和存储日期、风压、车型、车号、工号、端号等数据。

（6）数据打印功能。

（三）主要数据

（1）电源：AC 220 V。

（2）风源：500～1 000 kPa（可调）。

二十二、空调负载试验台

（一）概　述

空调负载试验台用于列车车顶式空调机组的名义制冷量测试。采用一体化结构，集冷媒室、热媒室、风道、机组安放基座上，便于被测空调机组的各种参数的采集，设备的控制、调节方便。

（二）功　能

系统可以实现空调装置的模拟运转，检修人员可根据实际需要控制空调装置的系统运转，对其中的重要部件及易损元器件进行测试和调试，了解空调的运转性能。

（1）被试空调机组运转控制。

（2）试验工况调节控制。

（3）参数显示。

（4）试验原理（框图）动态显示。

（5）制冷量计算及报表打印，并能指标被测机组是否合格。

（三）技术要求

（1）输入电源（交流）：AC 380 V。

（2）输出电源：

① 交流：AC 380 V；

② 直流：DC 110 V。

（3）最大被试量：3 000 m^3/h。

（4）最大被试机组制冷量：23 260 W。

（5）制冷量测量误差：<4%。

（6）制冷量测试原理：室内侧空气焓差法。

（7）设备设有试验工矿（室外侧空气温度，室内侧空气温度、湿度、流量）调节及稳定装置，稳定精度应不低于中华人民共和国相关行业标准。

（8）所有空气参数均能在测控台上采用数字式二次仪表显示，并可用计算机显示。

（9）工作制度：8 h 连续工作。

（10）转速：

① 高/低两挡转速。

② 高/低转速控制点：80 ℃。

（11）符合列车空调器主要技术条件。

二十三、自动车钩试验台

（一）概　述

自动车钩试验台（见图 5-31）对电客列车的自动车钩进行车钩连挂和解钩、气密性等性能测试。设备由机架、滑动机架、液压装置、气源（压缩空气）和控制台组成，便于车钩的搬动，需配 250 kg 吊车。

图 5-31　车钩试验台

（二）功　能

一般试验为车钩连挂和解钩试验和气密性试验，将组装好的全自动或半自动车钩安装在试验台上，进行车钩自动连挂和解钩试验。连挂时要听其声音是否清脆，以判别机械钩头安装的质量。通过操纵手动解钩装置，检查手动解钩的性能是否正常。在车钩处于连挂状态下，用肥皂水喷在所有阀和管路接头处以检查气路是否有泄漏。

（1）测试车钩机械钩头的连接性能。

（2）测试车钩气路的泄漏量。

（3）测试车钩电气头的前进、后退动作及按钮性能。

（4）测试车钩回复中心装置的性能。

（5）测试车钩横向摆动量。

（6）测试车钩高度。

（三）技术参数

（1）电动机功率：4 000 W。

（2）电源：AC 380 V。

（3）转速：1 450 r/min。

（4）液压泵：63 cm³/min。

（5）最大流量（10×10^5 Pa）：9.451 cm³/min。

（6）连续压力：315×10^5 Pa。

（7）短时最大压力：400×10^5 Pa。

（8）气源压力：$6 \times 10^5 \sim 8 \times 10^5$ Pa。

二十四、救援复轨组合设备

（一）概　述

救援复轨组合设备对脱离轨道的故障车辆进行现场恢复，保障线路畅通，是地铁运营必须配备的关键设备。图 5-32 所示为列车救援现场。

图 5-32　列车救援现场

主要设备有：液压千斤顶、液压内燃机泵组、液压控制器、气垫复轨装置、空气压缩机、各类剪切机械、扩张机械、内燃发电机、气割设备及蓄电池应急电池，转向架救援运载小车。

（二）主要组合设备

1. 列车横向位移设备

横向位移设备是救援设备中主要的、常用的设备。操作液压控制器使横向位移设备中的垂直千斤顶顶升起脱轨列车，操作液压控制器使横向位移设备中的横向千斤顶（滚轴活动座）可在复轨桥上左右移动，让脱轨列车在轨道上精确复轨。

该套横向位移设备主要有：单油缸千斤顶和双油缸千斤顶两种。组合件有：复轨桥、桥接（两复轨桥接长连接用）、滚轴活动架、移动千斤顶、固定支架。

一套典型的列车起复横移救援设备必须有以下设备：一台带内燃机的有多路输出控制的液压泵、若干组高压连接油管、各种液压千斤顶、连接板、横向液压油缸（千斤顶）、各种规格的垫板。使用中，通过操纵液压控制器，控制液压千斤顶的升降和横向千斤顶左右移动，让脱轨车辆复轨。复轨的千斤顶可以是单油缸千斤顶，也可以是双油缸千斤顶，视现场情况及车型而定。

图 5-33 和图 5-34 分别是单油缸千斤顶和双油缸千斤顶起复列车的示意图。

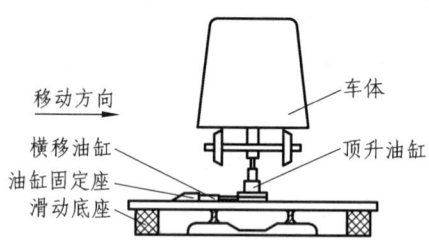

图 5-33　单油缸千斤顶起复列车示意图

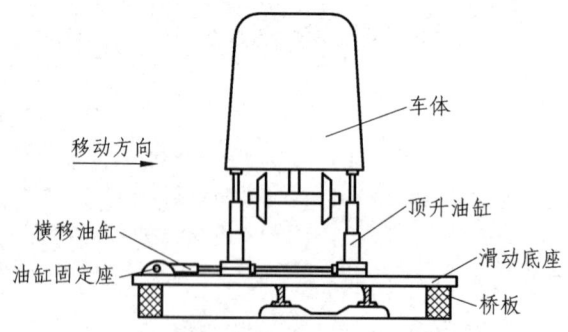

图 5-34　双油缸千斤顶起复列车示意图

（1）横向位移设备功能。

顶升高度可调：千斤顶顶升高度可调，所有形式千斤顶的行程通过增加活塞支撑部件和油缸支撑环可逐渐增加提升行程。

顶升方向可变：倾斜式千斤顶可用来升降和复原脱轨车辆，并可进行侧面移动动作，倾斜式千斤顶底座上的钩状轮子制动器可防止从轨道上滑出。

水平横向移位：由滚轴活动座、水平油缸和钩状定位器组成，千斤顶安放在滚轴活动座上能在轻型的复轨桥上移动，工作时能将已被顶升起的车辆进行横向移动。在特殊情况下采用可调节刚性连接杆能使两只滚轴活动座（千斤顶置于滚轴活动座上）同步水平移动。

顶升部位（点）可变：不同的车型，具有不同的起复点（顶升点），采用的起复设备组合也不同。

单点起复：采用单油缸（千斤顶）起复装置和桥板进行车辆复轨。

双点起复：采用双油缸（千斤顶）组合起复装置，调节刚性连接杆使两只进行车辆复轨。两只滚轴活动座间距可调（刚性连接杆长度可调），通过水平油缸的作用，带千斤顶的滚轴活动座同步在桥板水平移动。

（2）横向位移设备特点。

轻便：所有设备被设计成可靠、小型、轻型、确保救援人员能方便的运输、安装和使用，只要1~4人即可操作。

安全可靠：所有连接件被设计成安全可靠，采用高强度的材料制造。

结构形式较新：具有在隧道内或高架上狭小空间条件下的拆装功能。

2. 液压牵引器

在列车失去动力牵引或现场无法实施其他牵引手段时（如调机车牵引），可以采用液压牵引器来进行短距离大牵引力的救援，液压牵引器有两个轨道固定夹固定在轨道上，用来作为牵引器的固定端，液压油缸通过单向阀来锁定牵引方向。该牵引装置应用范围极为广泛，能在极其困难的环境下使用。

3. 切割扩张设备

（1）切割：操作液压控制器对切割机械和剪切机械进行操作，对受损变形的车辆外壳和内部材料实施切割，实施救援。

（2）扩张：操作液压控制器对扩张设备进行操作，对受损变形的车辆外壳（主要是活动部件：如门、窗等）进行扩张，产生救援通道，实施救援。

4. 气垫复轨装置

气垫复轨装置为充气式气囊，用特种橡胶制成，未充气时厚度只有20 mm，是对体积相对较大千斤顶的一种补充，在要实施救援处的位置间距较小时相当有效（如采用千斤顶位置不够），如列车在隧道中倾覆救援，就能快速扶正倾斜的列车。图5-35所示为气垫复轨装置。气源为小型高压钢瓶，由一个两路控制气阀控制充气动作。

5. 应急电源

提供救援现场电力供应（照明、小型电动工具），一般采用发电机供电的形式。照明则采用蓄电池照明，蓄电池电源有轻便、安全电压、无噪声等优点，但缺点是电池容量比较小，无法长时间使用。而发电机的优点是电源功率大,能长时间提供照明和其他动力电源,缺点是噪声大。

应急电源一般需要配齐蓄电池照明及发电机供电两种设备。

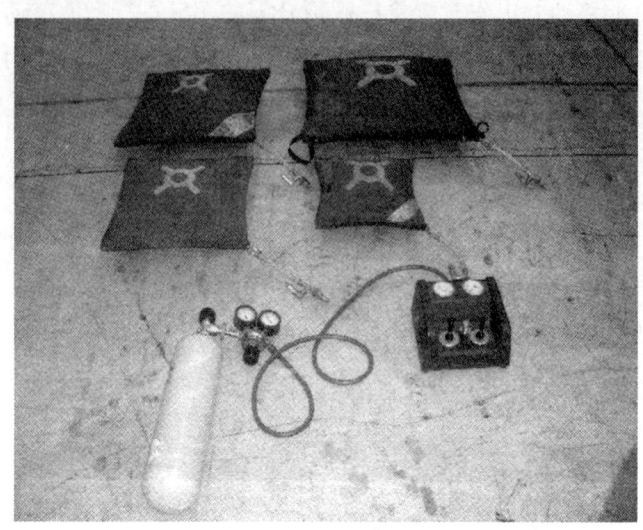

图 5-35　气垫复轨装置

6. 气割设备

气割设备主要是小型气割设备,由气割枪、氧气钢瓶等组成,在救援现场实施气割作业。

7. 转向架救援轮对运载小车

地铁列车运营中如走行部分(转向架轮对)发生轴承烧损、齿轮咬死、齿轮箱悬挂装置失效等故障,致使某个轮对不能转动而无法实施牵引,使用该轮对救援运载小车,将故障轮对托起,由救援小车替代车轮转动,使故障列车尽快撤离现场,迅速恢复地铁线路的运行。图 5-36 所示为轮对运载小车。

图 5-36　轮对运载小车

（三）主要设备技术参数

1. 内燃型液压动力装置

内燃型液压动力装置由燃油内燃机和液压泵组合而成，是救援复轨组合设备的主要液压动力源。内燃机启动液压泵建立油压，提供与其连接液压设备的动力，附有减速齿轮、带消声器的空气过滤器。

（1）GV-1S 型 2 冲程。

气缸容量：189.6 mL；

动力：2 573 W；

转速：2 500 r/min。

（2）4 冲程内燃机。

发动机功率：3 000 W；

质量：58 kg；

液压泵工作压力：30×10^5 Pa；

液压输出：一路；

油箱：30 L。

2. 液压控制器

液压控制设备是救援复轨组合设备中主要设备，通过该设备上操作杆（手柄）控制复轨系统所有液压执行器件的动作。采用手提式框架结构能方便搬动。

液压输入：一路；

液压输出（带四路操作手柄）：四路；

进油液压阀：300×10^5 Pa；

回油液压阀：150×10^5 Pa；

高压过滤器：有。

3. 液压千斤顶

液压千斤顶有各种形式，与复轨系统的其他设备联合使用，能起到被复轨列车的精确提升、降低、推拉定位的作用。

液压千斤顶的主要形式有：单油缸千斤顶（EH）、多油缸（伸缩式）千斤顶（TH），带抱箍式千斤顶、倾斜式千斤顶。与千斤顶配套使用的附件有：标准压头、圆形顶端头（顶升电缆用）、凹型端头、摇杆轴支撑、抱箍、活塞支撑件等。

（1）TH400/200-250。

闭合高度：250 mm；

活塞数目：2 节；

总行程：230 mm；

额定顶升力（II节）：200 kN；

支撑环：可用；

质量：35 kg。

（2）TH400/200-470。

闭合高度：70 mm/年；

活塞数目：2节；

总行程：635 mm；

额定顶升力（Ⅱ节）：200 kN；

支撑环：可用；

质量：48 kg。

4．应急电源

救援现场电力供应，一般采用蓄电池供电和发电机供电两种形式，蓄电池供电一般只用于照明。

（1）发电机应急电源。

① EG4500（HONDA公司）。

输出电压：AC 220 V；

电源功率：3 800 W/4 300 W。

② ET600A（雅马哈）。

输出电压：AC 220 V；

输出功率：450 W；

汽油耗量：4 L/h。

（2）蓄电池照明（应急灯）。

防暴型：FW6100GF；

防暴等级：dIICT-6；

电压（直流）：DC 24 V；

消耗功率：50 W；

蓄电池容量：DC 24 V/8 A·h；

充电电池：DC 37 V/3A。

5．转向架救援运载小车

（1）技术参数：

走行速度：最大为15 km/h。

实际承重量：允许16 t，设计为25 t。

（2）自重：

支撑板为14.5 kg（钛合金）；

滚动轮为24.4 kg（合金钢）。

（3）安装时间：（一个轮对，现场安装）25~30 min。

(4) 温升：(5km/h) 不超过 70 ℃。

二十五、列车车下走行部在线检测设备

(一) 概　述

地铁列车运行中，车下走行部故障是最大的安全隐患之一，可引起列车脱轨、颠覆等恶性事故。地铁列车车下走行部状态在线检测技术已开始在地铁运营中使用，在线检测设备已具有对运营中的列车进行监控，能进行车号识别，车轴温度探测，轮对踏面擦伤检测和车速测量等功能，极大地提高了行车安全，提高了列车检修效率和自动化水平。

随着测检技术的不断发展，检测的方法、手段和检测元器件也在不断更新，测量精度和正确率迅速提高，目前轮对踏面擦伤的检测已采用激光技术，能准确地测出轮缘的高度、厚度、倾斜度值和轮对内测距等参数。

(二) 主要功能

(1) 轮对踏面擦伤探测，能对故障点定位。
(2) 对故障点进行跟踪、报警。
(3) 对故障点进行显示、记录。
(4) 能测出轮对直径，左右轮径差。
(5) 测量出轮缘高度、厚度、倾斜度值。
(6) 测量内测距。
(7) 将被测轮子的参数与标准值进行比较，对超值轮对进行报警。
(8) 轮对车轴温度检测。
(9) 列车车号识别，自动记轴。
(10) 自动测量列车车速。

(三) 设备主要结构

设备主要由两个部分组成：探测站和监控站。

1. 探测站

探测站和轨道连接，可户外安装，包括车辆测速和启动装置，车辆识别装置，轮径测量装置，轮缘诊断装置及全天候保护装置，可自动检测通过的车辆的车轮和车号信息。

2. 监控站

监控站是一个全天候控制室。它是一个钢制集装箱，配有门、窗户、工作台及空调，内里装置着数据传送控制器，电气设备，中央计算机及数据处理器。负责探测站信息的传送、显示、储存及分析。

系统的各种结构件和元器件都应有足够的防腐蚀措施，并具有防尘、防潮、防腐、防鼠害等功能。

（四）主要参数

1. 设备参数

（1）轨距：1 435 mm。

（2）轮对内测距：1 350~1 360 mm。

（3）设备最大轴负重：400 kN。

（4）测量直径范围：600~1 200 mm。

（5）车辆经过的最高速度：30 km/h。

（6）测量时车辆车速：3~15 km/h。

（7）设备测量能力（每辆列车最多）：1 000 个轮对。

（8）轮缘高度测量范围：26~38 mm。

（9）轮缘厚度测量范围：23~34 mm。

（10）倾斜度值测量范围：4.5~13 mm。

2. 设备测量精度

（1）列车/轮对识别误差率：<0.01%。

（2）直径测量误差：<0.8 mm。

（3）轮缘高度误差：<0.2 mm。

（4）轮缘厚度误差：<0.2 mm。

（5）倾斜度值误差：<0.4 mm。

（6）内测距误差：<0.5 mm。

3. 性能指标

（1）适应列车速度：5~100 km/h。

（2）传感器环境等级：IP65。

（3）轴温探测/车号识别技术参数。

① 微波工作频点：910.10 MHz、912.10 MHz、914.10 MHz；

② 号识别工作方式：微波反射调制；

③ 车号识别精度：≥99.99%；

④ 轴温定量检测精度：≤±3 ℃；

⑤ 轴温检测的准确率：99%；

⑥ 轴温检测的兑现率：90%；

⑦ 轴温检测的使用率：95%。

（4）平轮探测技术参数。

（5）平轮探测捕获率：>99%。

（6）报告兑现率：≥95%。

（7）系统计轴计辆误差：<1%。

（8）数据通信技术参数：

① 传输速率：≥1 200 Bt；

② 信噪比：≥25 dB；

③ 脉冲杂声（全程15 min内峰值超过 –18 dB的脉冲杂声数目）：不超过18个；

④ 全程误码率（测试15 min）：≤5×10^{-4}。

（9）适应电源条件：AC 220 V。

切换时间（自动进行电源切换且工作正常）小于1 s。

（10）可维护性MTTR（系统故障恢复时间）。

① 电器部分：MTTR<3 min；

② 机械部分：MTTR<10 min。

（11）系统可靠MTBF，电器部分：>5×10^4 h。

复习思考题

1. 不落轮镟床的作用是什么？
2. 简述不落轮镟床的操作方法。
3. 不落轮镟床使用时有哪些注意事项？
4. 如何布置城轨列车的起复救援系统？
5. 架车机的作用是什么？有哪些类型？

参考文献

[1] 殳企平. 城市轨道交通车辆维修工艺及设备[M]. 北京：中国水利水电出版社，2007.

[2] 何宗华，汪松滋，何其光. 城市轨道交通车辆运行与维修[M]. 北京：中国建筑工业出版社，2007.

[3] 阳东，卢桂云. 城市轨道交通车辆检修[M]. 北京：机械工业出版社，2010.

[4] 曾青中，韩增盛. 城市轨道交通车辆[M]. 成都：西南交通大学出版社，2006.